Astrid Schütz

Je selbstsicherer, desto besser?

Astrid Schütz

Je selbstsicherer, desto besser?

Licht und Schatten positiver Selbstbewertung

**BELTZ**PVU

Anschrift der Autorin:

Prof. Dr. Astrid Schütz
Technische Universität Chemnitz
Philosophische Fakultät – Institut für Psychologie,
Differentielle Psychologie und Diagnostik
Wilhelm-Raabe-Str. 43
09107 Chemnitz
E-Mail: astrid.schuetz@phil.tu-chemnitz.de

© Beltz Verlag, Weinheim, Basel 2005
Programm PVU Psychologie Verlags Union
http://www.beltz.de

Lektorat: Mihrican Özdem, Monika Radecki
Herstellung: Uta Euler
Umschlaggestaltung: Federico Luci, Köln
Umschlagbild: Picture Press, Hamburg
Cartoons: Christian BoB Born, Freiburg
Satz, Druck und Bindung: Druckhaus „Thomas Müntzer", Bad Langensalza

Printed in Germany

ISBN 3-621-27532-0

Für Robert und Christa

Inhalt

Vorwort

Im Alltag wird in Zusammenhang mit verschiedenen Problemen immer wieder mangelnde Selbstsicherheit als Ursache ausgemacht. Zahlreiche Ratgeber greifen diese Sichtweise auf und vermitteln Ratschläge, wie man zu einer positiveren Haltung sich selbst gegenüber kommen kann. Gesprochen wird hierbei von unzureichendem Selbstbewusstsein, geringem Selbstwertgefühl etc. In diesem Buch wird der Begriff „Selbstwertschätzung" gebraucht, da er aus verschiedenen Gründen besonders geeignet scheint (vgl. Kap. 1.1). Auch in der wissenschaftlichen Literatur gilt Selbstwertschätzung als zentral für das gute menschliche „Funktionieren". Menschen mit geringer Selbstwertschätzung zweifeln an ihren Fähigkeiten und sind dadurch in ihrem Leistungsniveau beeinträchtigt. Durch wiederkehrende Selbstzweifel beschädigen sie auch häufig soziale Beziehungen, da ihr Verhalten vom Gegenüber als belastend und unangenehm erlebt wird. Menschen mit hoher Selbstwertschätzung, so zeigen zahlreiche Untersuchungen, sind mit sich und ihrem Leben relativ zufrieden, leben in befriedigenden Partnerschaften und zeigen hohe Leistungen. Allerdings gibt es auch einige Untersuchungen, die auf Probleme hinweisen, die mit hohem Selbstwertgefühl verknüpft sind. So zeigen Personen mit hohem Selbstwertgefühl die Tendenz, sich selbst aufzuwerten und andere abzuwerten; d. h., sie verhalten sich arrogant oder aggressiv gegenüber ihren Mitmenschen.

Im vorliegenden Buch wurde eine Vielzahl von Befunden zum Selbstwertgefühl in allgemein verständlicher Form beschrieben. Exemplarisch werden einige bedeutsame Untersuchungen auch im Hinblick auf ihre Vorgehensweise detailliert geschildert. Das Buch richtet sich an Studierende, Praktiker und andere Interessierte, die sich genauer mit den Licht- und Schattenseiten positiver Selbstbewertung auseinander setzen möchten. Die Ergebnisse empirischer Studien werden zu Gunsten der Lesbarkeit allgemein zusammengefasst, auf Details wird häufig verzichtet. Eine genaue Darstellung der Methoden und Ergebnisse einschlägiger Arbeiten findet sich in anderen Überblicksarbeiten (z. B. Schütz, 2003).

Dieses Buch entstand mit der Hilfe vieler Menschen. Janine Hertel hat erste Entwürfe redigiert. Daniela Gröschke hat umfangreiche Recherchen zu Literatur und Bildmaterial durchgeführt und Gestaltungselemente sowie anschauliche Beispiele vorgeschlagen. Sie war ebenso wie Katrin Rentzsch mit großem Engagement und viel Kreativität entscheidend an der Fertigstellung der Endversion beteiligt. Franz Machilek, Michela Schröder, Kristina Zeiß und Grete Zikeli haben wichtige Hinweise zu früheren Fassungen gegeben. Mihrican Özdem hat für viele meiner Ideen die passenden Worte gefunden, Monika Radecki und Heike Berger haben mich von Verlagsseite bestens unterstützt. Ihnen allen gilt mein herzlicher Dank.

Chemnitz, im Sommer 2004 Astrid Schütz

▌ Was ist Selbstwertschätzung?

Was Sie in diesem Kapitel erwartet

Das Ausmaß, in dem ein Mensch sich selbst wertschätzt, hat umfassende Auswirkungen auf sein Erleben und Verhalten. Beispielsweise zeigen Personen mit höherer Selbstwertschätzung auch höheres Wohlbefinden und neigen weniger zu Depressionen als Personen, deren Selbstwertschätzung niedrig ist. Beim Umgang mit Belastungen wirkt hohe Selbstwertschätzung quasi als Puffer (vgl. DeLongis et al., 1988). Menschen mit niedriger Selbstwertschätzung jedoch sind sich häufig unsicher hinsichtlich ihrer Leistungsfähigkeit und ihrer Beliebtheit bei anderen, und sie leiden oft unter Stimmungsschwankungen. Worauf aber beruhen derartige überdauernde positive oder negative Selbstbewertungen? Und was bedeutet eigentlich Selbstwertschätzung?

1.1   Begriffsvielfalt

Im Alltag werden zahlreiche Begriffe verwendet, um positive oder negative Bewertungen der eigenen Person zu umschreiben: Selbstsicherheit, Selbstbewertung, Selbsteinschätzung, Selbstachtung, Selbstbewusstsein, Selbstvertrauen, Selbstwert, Selbstwertgefühl, Selbstakzeptanz, Selbsterhöhung, Selbstbejahung oder Selbstbehauptung. Neben diesen neutralen bis positiven Begriffen finden sich auch negativ konnotierte, die ausdrücken, dass die Selbstbewertung in ein problematisches Extrem abdriftet: Selbstzufriedenheit, Selbstgefälligkeit, Selbstbeweihräucherung, Eitelkeit, Arroganz, Einbildung, Selbstverherrlichung, Selbsterniedrigung, Selbstkritik, Selbsthass, Minderwertigkeitsgefühle, Selbstverachtung etc. In der wissenschaftlichen Literatur trifft man auf unterschiedliche Bezeichnungen. Im Englischen wird vor allem die Bezeichnung „self-esteem" verwendet. Des Weiteren gibt es die Bezeichnungen self-worth, self-acceptance, narcissism, self-competence, self-liking etc. Im Deutschen sind die folgenden Termini zu nennen: positives und negatives Selbstkonzept, Selbstwertgefühl und Selbstwertschätzung. Der Begriff Selbstwertschätzung trägt der Tatsache Rechnung, dass es sich nicht um ein Gefühl im engeren Sinn handelt und dass neben positiv konnotierten Konzepten wie Selbstakzeptanz auch negativ konnotierte Konzepte wie Narzissmus subsumiert werden können. Außerdem entspricht der Begriff Selbstwertschätzung dem international verbreiteten Begriff „self-esteem" am ehesten und wird daher in diesem Buch verwendet.

1.2 Selbstwertschätzung – Erfolg und Ansprüche

Das Thema „Selbstwertschätzung" wurde bereits 1890 aufgegriffen: William James äußerte sich in seiner historischen Abhandlung zum Selbst über die Grundlagen der Selbstwertschätzung und richtete dabei – ähnlich wie später Carl Rogers (1961) – das Augenmerk auf Diskrepanzen zwischen Real- und Ideal-Selbst.

> **DEFINITION**
>
> **Real-Selbst:** Sichtweise über die eigene Person („So bin ich").
>
> **Ideal-Selbst:** Wunschbild über die eigene Person („So wäre ich gern").
> Geringe Diskrepanzen zwischen Real- und Ideal-Selbst bewirken Zufriedenheit, hohe Diskrepanzen Unzufriedenheit mit sich selbst.

Das Real-Selbst entspricht dem Selbstkonzept und definiert die subjektive Sicht der eigenen Person. Das Ideal-Selbst hingegen ist eine Zielvorstellung und beschreibt, wie eine Person gern sein möchte. Je geringer die Diskrepanz zwischen beiden ausfällt, desto zufriedener ist die Person mit sich – sie kann sich akzeptieren, wertschätzen. Konkret definierte James Selbstwertschätzung als das Verhältnis der Erfolge einer Person in Relation zu ihren Ansprüchen:

$$\text{Selbstwertschätzung} = \frac{\text{Erfolge}}{\text{Ansprüche}}$$

Nach dieser Formel wird Herr Hinz, der geringe Ansprüche an sich stellt und wenig Erfolge hat, sich ebenso wertschätzen wie Herr Kunz, der hohe Ansprüche hat und erfolgreich ist. Eine wenig erfolgreiche, aber bescheidene Person unterscheidet sich im Hinblick auf ihre Selbstwertschätzung also nicht von einer anspruchsvollen erfolgreichen Persönlichkeit, obwohl beide Personen unterschiedliche Ziele haben und ihren Erfolg unterschiedlich einschätzen. Außerdem besagt die Formel, dass die Art und Weise, wie Selbstwertschätzung und Zufriedenheit zustande kommen, deutlich verschieden ist: Wer objektiv Erfolge erzielt und von anderen beneidet wird, ist nicht notwendigerweise mit sich zufrieden und stolz auf das Erreichte – das hängt nämlich auch von seinen Ansprüchen ab. Andererseits kann jemand bei deutlich geringerem objektivem Erfolg höchst zufrieden mit sich sein und eine hoch positive Meinung von sich haben.

 Selbstwertschätzung ist eine *subjektive* Haltung.

In der von James vorgeschlagenen Formel ist Selbstwertschätzung das Ergebnis von Einschätzungsprozessen. Umgekehrt hat Selbstwertschätzung Einfluss darauf, wie diese Einschätzungen verlaufen – welche Ansprüche gesetzt und welche Erfolge erzielt werden. Subjektive und objektive Aspekte von Erfolgen spielen also eine bedeutende Rolle (vgl. Kap. 4.1). So zeigen Untersuchungen, dass hohe Selbstbewertung stärker mit dem wahrgenommenen als mit dem tatsächlichen Erfolg zusammenhängt. In Bezug auf Ansprüche zeigen sich ebenfalls Zusammenhänge zur Selbstbewertung. Vieles deutet darauf hin, dass Personen, die eine hohe Meinung von sich haben, auch höhere Ansprüche an sich stellen als Menschen mit weniger positiven selbstbezogenen Überzeugungen (Baumeister et al., 1993). Aufgrund derartiger wechselseitiger Einflüsse ist Selbstwertschätzung sowohl als Ausgangspunkt als auch als Ergebnis von Einschätzungen eigener Leistungen zu sehen (Helmke, 1992).

1.3 Selbstwertschätzung als Ausmaß positiver Selbstbewertungen

Aus der wechselseitigen Verflechtung von Selbstwertschätzung, dem Setzen von Zielen und der Bewertung erreichter Ergebnisse ergeben sich Probleme bezüglich der klassischen Definition. Nach dieser müssten Menschen, die sich hohe Ziele setzen, Selbstwertdefizite aufweisen, wenn sich der erstrebte Erfolg nicht eingestellt hat. Ist es aber nicht vielmehr Zeichen gefestigter Selbstwertschätzung, wenn jemand Ansprüche an sich stellt, die über seinen momentanen Möglichkeiten liegen? Ist es nicht eher eine Garantie gegen Stagnation, wenn jemand Ziele anstrebt? Wegen dieser Unklarheiten wird die Definition von James in der neueren Literatur nicht mehr verwendet.

Neuere Definitionen. Statt Quotienten zu bilden, beziehen sich neuere Definitionen der Selbstwertschätzung direkt auf das Ausmaß positiver Selbstbewertung. Dabei werden teils kognitive (Selbstbeurteilungen), teils affektive (Gefühl zu sich selbst) Aspekte stärker betont. Coopersmith (1967) beschreibt Selbstwertschätzung als habituelle Selbstbewertung, als subjektives Empfinden des eigenen Wertes. Brown (1998) spricht von Zuneigung oder Liebe sich selbst gegenüber. Baumeister und Leary (1995) betonen, dass das Gefühl, von anderen akzeptiert zu werden, zentral für die Einschätzung der eigenen Person ist. Besonders bedeutsam für die Selbstbewertung seien Eigenschaften, die auch von anderen geschätzt werden. Hohe Selbstwertschätzung bedeutet, sich als liebenswert, attraktiv, kompetent und integer zu bewerten – Eigenschaften, die auch dazu führen, dass man ein gern gesehenes Mitglied in sozialen Gruppen ist.

Selbstkonzept. Selbstwertschätzung wird im Allgemeinen in Zusammenhang mit dem Selbstkonzept gesehen, wobei das Selbstkonzept als Gesamtheit aller selbstbezogenen Wahrnehmungen verstanden wird und Selbstwertschätzung als deren Bewertung. Wenn sich jemand sagt: „Ich laufe 100 Meter in x Sekunden", ist es ein Teil des Selbstkonzeptes der eigenen Sportlichkeit. Wenn dieser Teil des Selbstkonzeptes positiv bewertet wird („Ich bin stolz auf meine Sportlichkeit"), ist es Teil der Selbstwertschätzung.

DEFINITION

Selbstkonzept: Bild von der eigenen Person.
Selbstwertschätzung: Bewertung der eigenen Person.

1.4 Facetten der Selbstwertschätzung

Die allgemeine Selbstbewertung der eigenen Person kann differenziert werden in bereichsspezifische Selbstbewertungen. Die wichtigsten Bereiche sind: Leistung, der soziale Bereich und der physische Bereich. Die „Leistungsfacette" (intellektuelle bzw. akademische Facette) wird z. B. bei Schulkindern meist in einen mathematischen und einen sprachlichen Bereich untergliedert: Hanna ist mathematisch begabt, Jens hat ein gutes Sprachgefühl. Der „soziale Bereich" betrifft unter anderem die Frage, wie man sich in sozialen Beziehungen sieht, ob man sich in einen Freundeskreis eingebunden und akzeptiert fühlt („Ich komme mit den meisten Menschen gut aus" oder „Ich habe das Gefühl, ich werde gemieden"). Der dritte große Bereich ist das „physische Selbstkonzept": Sportlichkeit bzw. Fitness einerseits und Attraktivität bzw. Aussehen andererseits („Ich bin eine schöne Frau"). Jenseits dieser inhaltsbezogenen Facetten gibt es eine emotional getönte positive Grundhaltung („Ich mag mich" statt „Ich zweifle an mir"). Diese Haltung kann als „emotionale Selbstwertschätzung" bezeichnet werden. Diese Facetten werden als Bestandteile einer allgemeinen Selbstwertschätzung gesehen (vgl. Abb. 1.1). Entsprechend diesen Facetten wird Selbstwertschätzung auch diagnostisch erfasst (Schütz & Sellin, in Vorber.).

Uneinig ist man sich in Bezug auf die Richtung des Einflusses zwischen Teilfacetten und Gesamt-Selbstwertschätzung und auf die Gewichtung der Facetten. Diskutiert wird die Frage, ob sich eine allgemeine Selbstbewertung auf bereichsspezifische Selbstbewertungen auswirkt oder umgekehrt, ob sich eher die Teilbewertungen auf die allgemeine Selbstbewertung auswirkt. Von Interesse ist auch die Frage, ob die Bedeutung einzelner Teilbereiche individuell unterschiedlich ist (Marsh, 1995; Pelham, 1995).

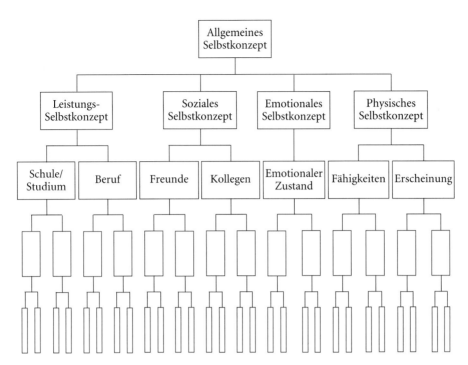

Abbildung 1.1. Selbstkonzepthierarchie nach Shavelson, Hubner und Stanton, 1976. Das Selbstkonzept besteht aus Teilbereichen, die ihrerseits weiter ausdifferenziert werden können

Bedeutung der Bereiche. Was ist für die Selbstwertschätzung einer Person wichtiger: intelligent zu sein oder schön zu sein? Die Bedeutung einzelner Teilbereiche ist zwar individuell akzentuiert, teils aber durch gesellschaftliche Normen vorgegeben. Schulkinder beispielsweise beziehen ihre allgemeine Selbstbewertung in stärkerem Maße aus ihrer Selbstbewertung in den Hauptfächern als aus den Nebenfächern. Andererseits verfügen sogar depressive Personen, die sich im Allgemeinen negativ bewerten, über sehr positive Selbstkonzepte in bestimmten Teilbereichen (Pelham, 1993).

Im Jugendalter ist eine besonders wichtige Quelle der Selbstwertschätzung die Beliebtheit bei anderen und die äußere Erscheinung (Du Bois et al., 2000). Ist ein Teenager unzufrieden mit seinem Aussehen, führt dies in besonders starkem Maße zu Unzufriedenheit mit sich insgesamt. Interessanterweise zeigt sich kein starker Zusammenhang zwischen der Bewertung der eigenen Erscheinung und objektiven Indikatoren wie dem Urteil Außenstehender (Jovanovic et al., 1989; Mendelson et al., 1996). Es sind nicht unbedingt die attraktivsten Kinder, die sich in ihrer Haut am wohlsten fühlen, und viele gut aussehende Mädchen sind mit ihrem Körper sehr unzufrieden (vgl. Kap. 7.2.3).

1.5   Wie misst man Selbstwertschätzung?

Wissenschaftliche Psychologie versteht sich als exakte Wissenschaft und beansprucht unter anderem, psychische Eigenschaften genau erfassen zu können. Anders als z. B. Körpergröße kann Selbstwertschätzung nicht direkt gemessen werden. Wie die meisten psychologischen Konzepte ist sie ein Konstrukt, also etwas, das erfragt oder aus anderen Indikatoren erschlossen werden muss.

Selbstwertschätzung wird meistens per Selbstbeschreibung anhand eines Fragebogens erfasst. Die befragte Person wird gebeten, sich einzuschätzen und anzugeben, wie weit sie bestimmten Aussagen über die eigene Person zustimmt. Ein Beispiel für solch einen Fragebogen ist die Multidimensionale Selbstwertskala, die in den USA von Fleming und Courtney (1984) entwickelt wurde und die auf einer früheren Skala, dem Fragebogen von Janis und Field (1959), basiert. Eine deutsche Fassung wird derzeit erarbeitet (Schütz & Sellin, in Vorber.). Neben einer allgemeinen emotionalen Selbstbewertung werden dabei in Anlehnung an das Modell von Shavelson et al. (1976; vgl. Abb. 1.1) Teilbereiche unterschieden. Differenziert werden neben einer emotionalen Selbstbewertung die leistungsbezogene Selbstbewertung, Selbstbewertung im sozialen Bereich und Bewertung des eigenen Körpers (vgl. Abb. 1.2).

Gültigkeit der Fragebögen. Die Selbstwertschätzung wird anhand der Fragebogenantworten erschlossen. Das so erhobene Maß bezieht sich also auf die selbstberichtete Selbstwertschätzung. Man kann nun fragen: Wie genau wissen Menschen, wie sie sich fühlen? Wie genau wissen sie, ob sie sich tatsächlich voll und ganz akzeptieren? Machen sie sich nicht selbst etwas vor? (Vgl. Gur & Sackheim, 1979; Wilson, 2002) Jenseits des Wissens über die eigene Person ist zu fragen, inwiefern jemand bereit ist, über sich Auskunft zu geben: Sagt man wirklich, wie man sich fühlt? Gibt jemand, der sich minderwertig fühlt, dies im Fragebogen auch zu? So kann argumentiert werden, dass Selbsttäuschungen und beschönigende Selbstdarstellungen eine Rolle bei der Beantwortung von Selbstwertfragebogen spielen können und diese damit nur eingeschränkt gültig sind.

Implizite Selbstwertschätzung. Greenwald et al. (1998) haben deshalb ein neues Verfahren entwickelt – den Impliziten Assoziationstest –, der beansprucht, spontane und wenig kontrollierte Einstellungen zu erfassen (vgl. Beispiele im Internet: http:www.http://faculty.washington.edu/agg/iat_materials.htm). Bei diesem Test wird – grob gesagt – festgestellt, wie leicht es jemandem fällt, positiv bzw. negativ getönte Begriffe mit der eigenen Person zu assoziieren (vgl. Schütz, 2003). Aus dem Testergebnis wird die so genannte „implizite Selbstwertschätzung" abgeleitet. Diese beschreibt nach dem Konzept des Tests eine basale, spontane Haltung zur eigenen Person. Diese Haltung stimmt durchaus nicht immer

	Diese Aussage trifft ... auf mich zu					
	gar nicht	meist nicht	eher nicht	manchmal	meist	fast immer
Allgemeine Selbstwertschätzung						
(1) Ich akzeptiere mich selbst.	1	2	3	4	5	6
(2) Ich habe eine positive Einstellung zu mir.	1	2	3	4	5	6
(3) Ich denke, dass ich ein wertvoller Mensch bin.	1	2	3	4	5	6
Soziale Selbstwertschätzung						
(1) Ich denke nur kurz über peinliche Fehler nach.	1	2	3	4	5	6
(2) Ich glaube, dass viele Menschen mich mögen.	1	2	3	4	5	6
(3) Ich finde leicht Kontakt zu Unbekannten.	1	2	3	4	5	6
Leistungsbezogene Selbstwertschätzung						
(1) Ich bin mit meinen beruflichen Leistungen zufrieden.	1	2	3	4	5	6
(2) Ich bin überzeugt davon, dass ich gute Arbeit geleistet habe, wenn ich eine Aufgabe abgeschlossen habe.	1	2	3	4	5	6
(3) Ich glaube, dass ich beruflichen Anforderungen gewachsen bin.	1	2	3	4	5	6
Selbstwertschätzung physische Attraktivität						
(1) Ich empfinde mich als attraktiv.	1	2	3	4	5	6
(2) Ich bin sicher, dass ich gut aussehe.	1	2	3	4	5	6
(3) Ich bin mit meinem Körper zufrieden.	1	2	3	4	5	6

Abbildung 1.2. Wie wird die Selbstwertschätzung einer Person erfasst? Einige Items aus der Multidimensionalen Selbstwertskala von Fleming und Courtney (1984)

mit der im Fragebogen berichteten, eher reflektierten Haltung überein. Es ist möglich, dass jemand Selbstzweifel nicht im Fragebogen eingestehen will, dass sich diese in spontanem Verhalten aber ausdrücken. Wenn also jemand sich im Fragebogen positiv beschreibt, im Reaktionstest aber nicht in ähnlicher Weise reagiert, ergeben sich Hinweise auf divergente Selbstbewertungen: Die Person passt ihre öffentliche Selbstdarstellung an bestimmte Zielvorstellungen an und beschreibt sich positiv, das kommt in ihrem spontanen Verhalten aber nicht zum Ausdruck.

2 Woraus beziehen wir selbstbezogenes Wissen?

Was Sie in diesem Kapitel erwartet
Selbstbezogenes Wissen kann auf unterschiedlichen Wegen bezogen werden. Relevante Informationen über die eigene Person können sich aus eigenen Beobachtungen und Beurteilungen – darin spielen Vergleiche mit anderen Menschen eine große Rolle – und aus Rückmeldungen seitens anderer ergeben (vgl. Filipp & Frey, 1988). Welche Konsequenzen ergeben sich, wenn eine Person ihre Selbstbewertung eher aus der Selbstbeobachtung, aus dem Vergleich mit anderen oder aus den Rückmeldungen anderer Personen bezieht?

2.1 Quellen selbstbezogener Informationen

Selbstbeobachtung

Menschen gelangen zu Wissen über ihre Person dadurch, dass sie ihr Verhalten und Erleben beobachten bzw. sich an früheres Verhalten und Erleben erinnern. Wenn Laura vor einem Vorstellungsgespräch bei sich feuchte Hände und einen „Kloß im Hals" wahrnimmt, wird sie daraus vielleicht schließen, dass sie ein nervöser und unsicherer Mensch ist (und wird sich vielleicht der Situation nicht gewachsen fühlen). Angenommen Laura erinnert sich an frühere ähnliche Situationen, die sie bravourös gemeistert hat – zum Beispiel die Bewerbung um ein Stipendium. Diese Erinnerung mag ihr zur Überzeugung verhelfen, dass sie ein Mensch ist, der trotz Nervosität Bewerbungssituationen meistern kann, und sie mag daraus letztlich positive Selbsteinschätzungen ableiten.

Sozialer Vergleich. Informationen über die eigene Person ergeben sich dadurch, dass man sowohl sich als auch andere beobachtet und sich mit den anderen vergleicht. Wartet Laura in einem Wartezimmer mit anderen Kandidaten, die deutlich nervöser wirken, erscheint ihr die eigene Nervosität gering, und sie wird denken, dass sie ein relativ gelassener Mensch ist. Erfährt sie vorher aber über berufliche Vorerfahrungen eines Konkurrenten, die ihre eigenen in den Schatten stellen, mag sie sich als relativ inkompetent erleben.

ICH GLAUB, MEINE MITARBEITER HALTEN MICH FÜR'N SCHWEIN

DABEI BIST DU DOCH GANZ ANDERS

© BOB

Rückmeldungen

Selbstbezogenes Wissen basiert schließlich auf sozialen Rückmeldungen. Trifft Laura auf dem Weg zum Bewerbungsgespräch eine ehemalige Schulfreundin, von der sie mit den Worten begrüßt wird: „Siehst du heute aber professionell aus!", mag das ihr Vertrauen in die eigene Erscheinung stützen. Umgekehrt mag eine Absage nach dem Gespräch ihre Selbstwertschätzung untergraben. Wie wichtig positive Rückmeldungen für Menschen sein können, zeigen die Erfolge von Geschäftsideen wie „Rent-a-Fan" – man kann sich das Bewundertwerden kaufen.

BEISPIEL

„Rent-a-Fan" – Jubel auf Bestellung. Dirk Lindner ist Vizegeschäftsführer von „Rent-a-Fan". Seine Leute jubeln auf Bestellung. Seit Februar vermietet er sich und täuschend echte Fans aus dem Raum Köln/Bonn für alle jubelwürdigen Gelegenheiten, z. B. zur Aufheiterung bei lauen Geburtstagsfeiern oder als Überraschungsgag zur Hochzeit. Eine Spezialität aus der Angebotspalette sei der „große Bahnhof": Mit rotem Teppich, Sekt und Blumen empfangen die Fans als „große Überraschung" die Urlaubsheimkehrer am Flughafen oder am Bahnhof. Schreiten diese dann über den roten Teppich, stehen „ihre Fans" Spalier und bringen „ihrem Star" ein fröhliches Ständchen. Die Leute freuen sich unheimlich darüber. Auch bei Vernissagen wenig gefragter Künstler wird das Programm eingesetzt (Frankfurter Rundschau, 29. 8. 1991).

Käufliches Feed-back per Telefon. Ein ähnliches Programm wird in Japan angeboten: Per Telefon können Bewunderung, Entschuldigungen und sogar Liebeserklärungen abgerufen werden (Süddeutsche Zeitung, 3.12.1985). Nach einem frustrierenden Tag in der Firma wählt Herr Suzuki eine bestimmte Nummer und lässt sich dann etwa zweieinhalb Minuten lang von einer sympathischen Frauenstimme sagen: „Sicher hast du recht. Du hast so vollkommen recht" und es folgen noch ein paar Variationen des kurzen Satzes. Wenn Herr Suzuki sein Selbstbewusstsein noch nicht wieder aufgebaut hat, kann er erneut wählen. Nun gibt es den Entschuldigungsdienst: Eine unterwürfig und fast hysterisch klingende Männerstimme sagt dann ständig vom Tonband: „Tut mir leid. Vergib mir bitte. Ich will alles tun, was du sagst." Unter einer anderen Nummer hört er eine warme, aber auch erotische Frauenstimme sagen „Ich habe soviel von dir gehört. Alle wollen dich treffen. Du siehst unglaublich gut aus. Ich beneide dich." Der Service wird von Japans Telefon- und Telegrafen-Gesellschaft NTT angeboten.

Die wichtigste Informationsquelle: Selbstbeobachtung

Selbstbeobachtung ist eine besonders wichtige Informationsbasis. In Studien zur Selbstbewertung am Arbeitsplatz (Schwalbe, 1988) wurde festgestellt, dass für die meisten Menschen die Wahrnehmung der eigenen Kompetenz in Form von Selbstbeobachtungen die wichtigste Quelle der Selbstwertschätzung darstellt. Hierunter fällt zum Beispiel das Gefühl, eine Aufgabe schnell erledigt zu haben oder Freude über ein erfolgreiches Arbeitsergebnis.

Typisch Mann — typisch Frau. Männer und Frauen unterscheiden sich darin, dass sie unterschiedlichen Informationen verschiedene Bedeutung beimessen. Das zeigt eine Studie von Schwalbe und Staples (1991), in der junge Männer und Frauen gefragt wurden, wie bedeutsam verschiedene Gegebenheiten für ihre Selbstbewertung sind: Beispielsweise „ein schwieriges Problem lösen" (Selbstwahrnehmung); „eine Arbeit besser machen als ein Kollege oder eine Kollegin" (sozialer Vergleich); „die Kollegen sagen, dass man gute Arbeit geleistet hat (soziale Rückmeldung). Festgestellt wurde, dass Situationen, in denen der soziale Vergleich vorherrscht, von Männern, und Situationen, in denen es um soziale Rückmeldung geht, von Frauen als besonders wichtig bewertet wird. Männer sind also besonders zufrieden, wenn sie merken, dass sie besser als andere sind. Frauen scheint es wichtiger zu sein, von anderen anerkannt und akzeptiert zu werden (vgl. Kap. 8.2).

2.2 Quellen der Selbstwertschätzung und ihre Konsequenzen

Sozialer Vergleich

Woraus jemand seine Selbstwertschätzung bezieht, kann unterschiedliche Folgen haben. Wenn eine Person ihre Selbstwertschätzung aus dem Vergleich mit anderen Personen bezieht, sich also anderen überlegen fühlt, wird dies soziale Konflikte mit sich bringen, weil Interaktionspartner die ihnen zugeschriebene unterlegene Position nicht akzeptieren.

„Großer Fisch in kleinem Teich". Bedeutsam für soziale Vergleiche ist die Frage nach der Bezugsgruppe. Je nachdem, mit wem wir uns vergleichen, kann das Ergebnis unterschiedlich ausfallen. Diskutiert wird in diesem Zusammenhang der so genannte „big fish – little pond"-Effekt, der die Situation des Fisches beschreibt, welcher sich in einem kleinen Teich inmitten kleiner Fische sehr groß fühlt. Im Meer, inmitten größerer Fische, würde sich der gleiche Fisch jedoch viel kleiner vorkommen. In verschiedenen Studien wurde dieses Phänomen untersucht: Menschen, die innerhalb einer Gruppe gut abschneiden, beurteilen sich positiver als Menschen, die zwar das gleiche Fähigkeitsniveau aufweisen, aber innerhalb ihrer Gruppe relativ schlechte Ergebnisse erzielen (Marsh & Parker, 1984).

Zu beobachten sind derartige Phänomene häufig bei Kindern im Übergang von der vierten Klasse Grundschule zum Gymnasium. Viele Kinder, die in der Grundschule aufgrund ihrer Leistungen die „Stars" waren, müssen sich im neuen Klassenverband, der aus vielen „Stars" besteht, erst daran gewöhnen, nicht mehr über dem Durchschnitt zu liegen. Die Selbstbeurteilung und Selbstbewertung muss, sofern sie auf sozialem Vergleich beruhte, neu geordnet und fundiert werden.

Rückmeldungen

Selbstwertschätzung, die auf sozialen Rückmeldungen basiert, kann starken Schwankungen unterliegen. Fallen die Rückmeldungen negativ aus, so wird die Selbstwertschätzung der Person möglicherweise ernsthaft beschädigt. Insofern kann eine auf sozialen Rückmeldungen basierende Selbstwertschätzung sehr instabil sein. Dies zeigte sich beispielsweise in einem Interview mit einer Befragungsteilnehmerin, die sehr gekränkt war, als eine Bekannte in abwertendem Ton sagte: „Na ja, du bist ja nur Hausfrau . . ." (Laux & Schütz, 1996). Im Gegensatz dazu ist die Selbstwertschätzung, die auf Selbstwahrnehmung beruht, weniger von externen Faktoren abhängig bzw. nur insofern, als objektive Kriterien zugrunde gelegt werden.

Leistungsabhängigkeit. Lässt die Leistung der jeweiligen Person nach, etwa im Alter, kann Selbstwertschätzung, die auf Leistung basiert, beeinträchtigt werden, sofern nicht kompensatorische oder defensive Prozesse wie Neubewertungen einsetzen (vgl. Brandtstädter & Greve, 1992). Eine wichtige Funktion nehmen dabei Selbstregulationskompetenzen ein (vgl. Baltes & Baltes, 1990). Nachlassende Fähigkeiten können trainiert oder kompensiert werden. Das wird am Beispiel des Pianisten Arthur Rubinstein illustriert, der noch im hohen Alter beeindruckende Konzerte gab: Er spielte nur noch ausgewählte Stücke (Selektion), übte diese aber besonders intensiv (Optimierung). Um seine nachlassende Spielgeschwindigkeit auszugleichen, spielte er bestimmte Passagen besonders langsam, so dass andere im Kontrast dazu relativ schnell wirkten (Kompensation).

2.3 Was ist wichtiger: was wir sind, oder was wir nicht sind?

Bei der Selbstbewertung achtet der Menschen entweder mehr darauf, was er nicht ist oder darauf, was er ist. Im ersten Fall definiert er sich über Abgrenzungen. Zum Beispiel ist er stolz darauf, nicht mehr im selben Dorf zu wohnen, nicht mehr in derselben Fabrik zu arbeiten, nicht kriminell geworden zu sein etc. oder, wenn er sich negativ bewertet, macht er sich Vorwürfe, weil er nicht Musiker geworden ist, nicht so intelligent ist, wie sein Bruder oder kein humorvoller Mensch ist. Das Achten darauf, was man ist, wäre in diesen Beispielen: stolz darauf zu sein, in der Stadt zu leben, eine neue berufliche Herausforderung in Angriff genommen zu haben und ein gesetzestreuer Mensch zu sein. Im Falle der negativen Selbstbewertung macht sich der Mensch Vorwürfe, weil er nur ein kleiner Angestellter geworden ist, viel dümmer ist als sein Bruder und ein humorloser Mensch ist.

Was ist selbstwertstützend? In Bezug auf die Selbstwahrnehmung ist nun die Frage interessant, wie sich die jeweiligen Orientierungen auswirken. In einem Experiment (McGuire & McGuire, 1996) wurde gezeigt, dass Nachdenken über das, was man ist, sich stärker auf die aktuelle Selbstwertschätzung auswirkt als Nachdenken über das, was man nicht ist. Gedanken an das Vorhandensein von Eigenschaften, ob positive oder negative, hatten stärkere Auswirkungen auf die Selbstbewertung als Gedanken an ihr Fehlen. Das heißt, wenn man daran denkt, „ängstlich" zu sein, ist das stärker selbstwertbelastend als wenn man daran denkt, „nicht mutig" zu sein. Anderes Beispiel: Es wirkt sich eher selbstwertstützend aus, wenn man glaubt, „hilfsbereit" statt „nicht egoistisch" zu sein.

Praxisbezug. Dieses Ergebnis hat praktische Auswirkungen: Will man zum Beispiel im Rahmen von Trainingsmaßnahmen die Selbstwertschätzung einer Person stützen, ist es hilfreicher, ihre Aufmerksamkeit auf positive, bereits vorhandene Eigenschaften zu lenken als auf negative, nicht vorhandene. Ein derartiger Ansatz wird in ressourcenorientierten Programmen verfolgt (vgl. Laux, 2003; Renner, 2002).

BEISPIEL

„Ich bin, was ich bin, und das ist alles, was ich bin." Das ist der Lieblingssatz von Popeye, dem Spinatmatrosen. Es verdeutlicht eine Sichtweise des Selbstkonzeptes, die auf Konsistenz – also auf Bestätigung des Bestehenden und auf Betonung des Vorhandenen gerichtet ist.

3 Wovon hängt Selbstwertschätzung ab?

Was Sie in diesem Kapitel erwartet

Menschen sind stolz auf Erfolge, Fähigkeiten und andere Eigenschaften und beziehen daraus Selbstwertschätzung. Kritik und Misserfolg können umgekehrt zu Einbrüchen der Selbstwertschätzung führen. Die Faktoren, auf denen unsere Selbstwertschätzung basiert, werden als „Selbstwertquellen" bezeichnet. Ein solcher Faktor kann z. B. das Aussehen sein: In diesem Fall macht eine Person ihre Selbstwertschätzung von ihrer Attraktivität abhängig. Langfristig gesehen wird sie (wenn sie keinen Ausgleich findet) Selbstwertprobleme erleben, denn mit dem Alter nimmt die Attraktivität nach gängigem Schönheitsideal ab. Aber auch während der Jugend werden sich Selbstwertprobleme zeigen, und zwar je nach Situation: So mindert z. B. Krankheit in der Regel die Attraktivität. Ist die Krankheit vorüber, steigt wieder die Selbstwertschätzung. Dieses kurzfristige, situationsbedingte Auf- und Absteigen der Selbstwertschätzung wird im Konzept der „Selbstwertkontingenzen" betont (Crocker & Wolfe, 2001), während im Konzept der Selbstwertquellen die Faktoren als Basis der Selbstwertschätzung betrachtet werden.

3.1 Der Faktor „Selbstwertquellen"

Menschen beziehen ihre Selbstwertschätzung aus ganz unterschiedlichen Faktoren. Sie sind vielleicht stolz auf bestimmte Fähigkeiten oder Erfolge, auf ihr Aussehen, auf gute Beziehungen oder auf ein harmonisches Familienleben. Im Rahmen ihrer Diplomarbeit befragten Müller und Gegenfurtner (1997) 60 junge Erwachsene nach den Quellen ihrer Selbstwertschätzung. Einige typische Antworten auf die konkrete Frage „Worauf sind Sie stolz? Was stärkt Ihr Selbstwertgefühl?" waren:

▶ „Menschen beeinflussen können."
▶ „Ich sage, was ich denke, bin undiplomatisch."
▶ „Dass mir andere sagen, dass sie mich schön finden."
▶ „Weil ich die Welt offener und wacher sehe, als die meisten."
▶ „Wenn Leute zeigen, dass sie mich mögen, dass ich dazugehöre."
▶ „Ich komme aus gutem Hause."

- ▶ „Wenn ich erfolgreich bin."
- ▶ „Dass man sich auf mich verlassen kann, als Freund."
- ▶ „Ich kann ganz gut zuhören."
- ▶ „Ich bin hilfsbereit."

Die Antworten machen deutlich, dass die Quellen der Selbstwertschätzung sehr unterschiedlich sein können: Manche Menschen betonen die Herkunft, andere das Aussehen, wieder andere Fähigkeiten. Auffallend ist auch, dass teils „individuelle Leistungen", teils „Verbundenheit mit anderen Personen" genannt werden. Im Hinblick auf letztere Unterscheidung wurden auch kulturelle Unterschiede und Geschlechterdifferenzen festgestellt (vgl. Kap. 8 und 9).

DEFINITION

Selbstwertquelle: Basis der Selbstwertschätzung.

Kategorien der Selbstwertquellen

Die im Interview von Müller und Gegenfurtner (1997) gegebenen Antworten wurden zu Kategorien zusammengefasst und ausgezählt (vgl. auch Schütz, 2003). Die häufigste Antwortkategorie waren „persönliche Attribute" wie Fähigkeiten, Wissen, Aussehen oder Sportlichkeit: „Ich habe eine schnelle Auffassungsgabe"; „Ich kann gut tanzen"; „Ich bin beruflich erfolgreich"; „Ich bin sehr musikalisch".

Weniger häufig waren Antworten zu sozialen Beziehungen bzw. zum Eingebundensein in soziale Beziehungen: „Ich führe eine glückliche Beziehung, an der wir sehr lang gearbeitet haben", „Freunde können sich auf mich verlassen und umgekehrt."

Eine kleine Gruppe der Befragten bezog ihren Selbstwert aus dem Gefühl der Überlegenheit über andere, d. h., sie verglichen sich mit anderen und sahen sich dabei als überlegen: „Ich bin überdurchschnittlich intelligent", „Ich kann andere manipulieren", „Ich kann mit Idioten umgehen". Diese Menschen beziehen ihre Selbstwertschätzung aus einer gewissen Überlegenheitsposition. Ihre Haltung geht über die Zufriedenheit mit sich selbst hinaus und impliziert die Einstellung, „besser" als andere zu sein.

Eine weitere kleine Gruppe berichtet, dass explizite Quellen der Selbstwertschätzung für sie nicht nötig seien, weil sie über eine grundsätzlich selbstbejahende Haltung verfügen, zu dem stehen, was sie tun, und sich so akzeptieren, wie sie sind.

Problematische Selbstwertquellen

Manche Selbstwertquellen scheinen in stärkerem Maße als andere mit Problemen verbunden zu sein. Beispielsweise kann die Suche nach Anerkennung dazu führen, dass man sich zu stark an andere anpasst, oder das Gefühl der Überlegenheit kann zu überheblichem und aggressivem Sozialverhalten führen.

BEISPIEL

Überlegenheit als Selbstwertquelle. Der Schauspieler Brad Pitt berichtet, der Ruhm sei ihm zu Kopf gestiegen. Im Interview mit dem US Magazin „Vanity Fair" erklärt er, dass ihm durch eine Therapie vieles klar geworden sei. Er sei in die riesige Falle des Ruhmes geraten, der um Stars herrsche. „Wir werden behandelt, als wären wir etwas Besonderes. Mit der Zeit fängt man auch an, zu glauben, dass man etwas ganz Besonderes ist, und fängt an, diese Aufmerksamkeit zu verlangen. Meistens kämpfe ich dagegen an, aber manchmal verliere ich." Er habe sogar schon gute Freunde herumkommandiert, nur weil er es gewohnt sei. (N-TV, 7.11. 2001)

Wenn Selbstwertquellen vergänglich sind. Es gibt Selbstwertquellen, die nur zeitlich begrenzt als Ressource der Selbstaufwertung dienen. Das ist der Fall, wenn beispielsweise Selbstwertschätzung an vergängliche Eigenschaften wie Sportlichkeit oder Attraktivität geknüpft ist. Frauen, die attraktiv aussehen, beziehen ihre Selbstwertschätzung in ihrer Jugend in vielen Fällen aus ihrem ansehnlichen Äußeren. Nimmt die Attraktivität nach gängigen Schönheitsidealen dann im Alter ab, kann dies zu massiven Selbstwerteinbußen führen.

Berscheid und Walster (1974) untersuchten dieses Phänomen. Sie legten Männern Jugendbilder von Frauen vor, die aus der Generation der Männer stammen – die Männer kannten also das damalige Schönheitsideal. Aufgabe der Männer war, die damalige Attraktivität der Frau einzustufen. Neben dieser Erhebung wurde auch die gegenwärtige Selbstwertschätzung der Frauen per Fragebogen erfasst. Beide Ergebnisse, die Einschätzung der Männer (damalige Attraktivität der Frauen) und die Einschätzung der Frauen (gegenwärtige Selbstwertschätzung), wurden miteinander verglichen.

Schönheit als Selbstwertproblem? Man stellte fest, dass Frauen, die früher dem Schönheitsideal entsprachen, gegenwärtig eine niedrigere Selbstwertschätzung aufwiesen als Frauen, die ehemals als unattraktiv galten. Erklärbar ist dieses Ergebnis wahrscheinlich so, dass attraktive Frauen ihre Selbstwertschätzung zu einem großen Teil aus ihrem Aussehen beziehen, diese Selbstwertquelle im Alter aber brüchig wird. Weniger attraktive Frauen hingegen haben sich vermutlich bereits in jungen Jahren um andere Selbstwertquellen bemüht – möglicherweise Quellen, die weniger vergänglich sind und weiterhin eine stabile Basis darstellen. Der Versuch, die vergängliche Selbstwertquelle Schönheit zu bewahren, manifestiert sich in Schönheitsoperationen und Anti-Aging-Präparaten.

Stabile Selbstwertquelle: Selbstakzeptanz

Als besonders stabil kann die Quelle Selbstakzeptanz gelten – sich so zu akzeptieren, wie man ist, ohne dies von positiven Rückmeldungen oder persönlichen Erfolgen abhängig zu machen. Diese Quelle der Selbstwertschätzung wird daher in verschiedenen psychotherapeutischen Ansätzen als erstrebenswert gesehen. Im Rahmen der Gesprächspsychotherapie nach Rogers (1961; Josephs, 2003), aber auch im Rahmen der Rational-emotiven Therapie nach Ellis (1977; vgl. auch Ziegler, 2002), ist es ein Ziel therapeutischer Arbeit, Klienten dabei zu helfen, sich so anzunehmen, wie sie sind – und ihren Wert nicht von Erfolg oder Anerkennung durch andere abhängig zu machen. In einem therapeutischen Ratgeber (Miller, 1983) aus dem Bereich der Rational-emotiven Therapie werden derartige problematische Einstellungen beschrieben: „I must get lots of love, acceptance, and approval and I must behave very competently. If I don't it's awful and I can't stand it, because I get turned into a shit!" (S. 89) Diese Darstellung einer überzogenen Orientierung an Fremdbewertungen und der starken Abhängigkeit des eigenen Wertes von Leistung macht die Absurdität dieser Haltungen deutlich. Im Rahmen rationaler Disputationen wird versucht, Klientinnen und Klienten dazu zu bringen, diese Haltungen aufzugeben und sich so zu akzeptieren, wie sie sind.

 Sich selbst zu akzeptieren, ist die Grundlage einer stabilen Selbstwertschätzung.

Reich und mit sich zufrieden?

Wenn die Selbstwertschätzung vieler Menschen auf Erfolg und Anerkennung basiert, so müssten diejenigen, die – objektiv gesehen – erfolgreich sind, über höhere Selbstwertschätzung verfügen. In einer Arbeit von Twenge und Campbell (2002) wird der Frage nachgegangen, ob und inwiefern sozioökonomischer Status (Beruf und Einkommen) und Selbstwertschätzung zusammenhängen. Mittels Metaanalyse wurde geprüft, ob Personen mit höherem sozioökonomischen Status über höhere Selbstwertschätzung verfügen als Personen mit geringerem. Außerdem wurde untersucht, ob sich dieser Effekt bei verschiedenen Alters- und Kulturgruppen unterscheidet.

DEFINITION

Bei der **Metaanalyse** werden viele einzelne Forschungsergebnisse zu einem bestimmten Untersuchungsgegenstand zusammengetragen, und mithilfe statistischer Verfahren wird berechnet, wie groß der Effekt ist. Durch die Berücksichtigung vieler Untersuchungen wird dem Problem, dass jede einzelne Untersuchung einer gewissen Irrtumswahrscheinlichkeit unterliegt, Rechnung getragen.

Sozioökonomischer Status und Alter. Twenge und Campbell (2002) bezogen 446 Untersuchungen bzw. Datensätze mit insgesamt 312.940 Studienteilnehmerinnen und -teilnehmern in ihre Analyse ein. Es zeigte sich, dass ein geringer aber doch relevanter Zusammenhang zwischen sozioökonomischem Status und Selbstwertschätzung besteht, d. h., Menschen, die einen höheren sozioökonomischen Status haben, weisen auch eine höhere Selbstwertschätzung auf. Dieser Zusammenhang ist bei Kindern bis 10 Jahren sehr gering, ab 11 Jahren wird er größer und steigt bis zum mittleren Erwachsenenalter weiter an. Bei Personen über 60 Jahren ist er wieder sehr klein. Das Ergebnis kann darauf hindeuten, dass Selbstwertschätzung auf der Einschätzung beruht, etwas im Leben „erreicht" zu haben – was im Jugendalter beginnt und im jungen und mittleren Erwachsenenalter besonders stark ist, im Alter aber oft relativiert wird.

Besonders deutlich war dieser Effekt bei asiatischen Einwanderern in den USA: Sie definieren den eigenen Wert offensichtlich in besonderem Maße auf der Basis ökonomischen Erfolgs. Betrachtet man die Ergebnisse im Hinblick auf die Variable „sozioökonomischer Status" differenzierter, ergibt sich, dass Selbstwertschätzung insgesamt stärker mit Bildung und Beruf als mit der Höhe des Einkommens zusammenhängt.

Ethnische Zugehörigkeit und Selbstwertschätzung

Eine weitere Metaanalyse untersuchte die Selbstwertschätzung verschiedener ethnischer Gruppen in den USA (Twenge & Crocker, 2002). Festgestellt wurde, dass Schwarze höhere Werte als Weiße erzielten. Weiße jedoch hatten höhere Werte als Lateinamerikaner, Asiaten und Native Americans (Personen „indianischer" Herkunft). Da diese besonders hohe Selbstwertschätzung bei Schwarzen erst in Studien ab den 1980er Jahren auftaucht, wird davon ausgegangen, dass die Bürgerrechtsbewegung und der daraus resultierende Stolz auf die eigene Rasse („Black is beautiful") für das Ergebnis verantwortlich sind. Vergleichbare Bewegungen, die ethnische Zugehörigkeit gezielt positiv konnotierten, gab es bei den anderen Minderheiten nicht. Bei Asiaten dürfte darüber hinaus eine prinzipiell andere Art der Selbstkonstruktion eine Rolle spielen, bei welcher Verbundenheit statt individueller Besonderheit wichtig ist (vgl. Kap. 9.1).

3.2 Der Faktor „Selbstwertkontingenzen"

Während es bei den Selbstwertquellen um die konstante Basis des Selbstwertes geht (vgl. 3.1), werden im Konzept der Kontingenzen die Schwankungen der Selbstwertschätzung betont. Es sind die Faktoren, z. B. Attraktivität, deren kurzfristige Veränderung positive oder negative Auswirkungen auf die Selbstwertschätzung hat.

DEFINITION

Selbstwertkontingenz: Faktor, mit dem die Selbstwertschätzung variiert.

Sieben Kontingenzbereiche

Crocker und Wolfe (2001) haben an der University of Michigan zahlreiche Untersuchungen zu Selbstwertkontingenzen durchgeführt und kommen zu dem Schluss, dass je nach Quelle des Selbstwertes typische Verhaltensmuster und Verletzlichkeiten entstehen. Wenn beispielsweise eine Person ihre Selbstwertschätzung von ihrer Attraktivität stark abhängig macht, wird sie es nicht gut ertragen, etwa bei Krankheit unattraktiv auszusehen. Die Autorinnen unterscheiden sieben Bereiche der Kontingenzen: familiäre Unterstützung, Anerkennung seitens anderer, Wettbewerb, Aussehen, religiöse Orientierung, Erfolg und ethische Wertorientierung (vgl. folgende Übersicht). Mit einer eigens konstruierten Skala wird erfasst, wie bedeutsam eine Person die verschiedenen Kontingenzen für sich einschätzt.

Selbstwertkontingenzen und Beispielaussagen (nach Crocker und Wolfe, 2001)

Familiäre Unterstützung	„Wenn meine Familie stolz auf mich ist, steigt meine Selbstwertschätzung."
Anerkennung durch andere	„Wenn andere mich nicht achten, kann ich mich selbst auch nicht achten."
Wettbewerb	„Besser zu sein als andere, gibt mir ein Gefühl der Selbstachtung."
Aussehen	„Meine Selbstwertschätzung leidet, wenn ich den Eindruck habe, dass ich nicht gut aussehe."
Religiöse Haltungen	„Meine Selbstwertschätzung würde darunter leiden, wenn ich nicht von Gott geliebt würde."
Erfolg	„Wenn ich im Studium erfolgreich bin, gibt mir das ein Gefühl der Selbstachtung."
Wertorientierung	„Ich könnte mich nicht respektieren, wenn ich mich nicht entsprechend moralischen Richtlinien verhielte."

Für die meisten Menschen haben diese Kontingenzen große Bedeutung – ihre Selbstwertschätzung steigt und fällt z. B. mit Erfolg oder Anerkennung. Im Extremfall sehen Menschen dabei ihr Leben als eine Serie von Prüfungen, in denen sie ihren Wert bestätigen oder behaupten müssen. Die Gewichtung der einzelnen Kontingenzen ist von Mensch zu Mensch verschieden. Für manche ist ihr Aussehen entscheidend für ihre Selbstwertschätzung, für andere ist es der berufliche Erfolg oder die familiäre Harmonie. Sich nach Erfolgen oder bei Anerkennung durch andere gut zu fühlen, ist angenehm; die Orientierung auf diese Kontingenzen hin ist aber auch mit Kosten verbunden.

Was kosten die Bemühungen um den Selbstwert?

In einer empirischen Studie untersuchte Crocker (2002), mit welchen Kosten die Bemühungen verbunden sind, die Selbstwertschätzung aufrechtzuerhalten. 642 Studienanfänger wurden zu Selbstwertkontingenzen sowie Erlebnissen und Aktivitäten im Verlauf ihres ersten Studienjahres befragt. Die Befragung zeigte, dass je nach Quelle des Selbstwertes unterschiedliche Kosten entstehen in Bezug auf Fähigkeiten, Beziehungen und psychische Gesundheit.

Externale und internale Kontingenzen. Unterschieden wurden externale Kontingenzen (z. B. Orientierung an Leistungen und Erfolgen), die von anderen beurteilt werden, und internale Kontingenzen, die man selbst regulieren kann (z. B.

Glaubens- oder Werthaltungen). Dabei erwiesen sich externale Kontingenzen insgesamt als problematischer. Studierende, deren Selbstwert stark von der Anerkennung durch ihre Eltern abhängig war, hatten besonders häufig Probleme mit Alkohol- oder Drogenkonsum. Studierende, die sich in Abhängigkeit von ihrem Aussehen bewerteten, litten in stärkerem Maße unter Essstörungen. Die Problematik hängt vermutlich damit zusammen, dass ein extremes Schlankheitsideal verfolgt wird. Ergebnisse einer späteren Untersuchung von Crocker et al. (2003) mit Studierenden der Ingenieurwissenschaften zeigten, dass vor allem diejenigen, für die Erfolg eine relevante Selbstwertkontingenz war, im Falle schlechter Noten Selbstwerteinbrüche erlebten.

4 Wenn der Selbstwert bedroht ist

Was Sie in diesem Kapitel erwartet
Haben wir Erfolg, oder werden wir bewundert, so steigt unsere Selbstachtung. Haben wir Misserfolg, oder werden wir kritisiert, dann sinkt sie. Diese Zusammenhänge sind für die meisten Menschen typisch. Äußere Ereignisse und Rückmeldungen durch andere wirken sich darauf aus, wie wir uns sehen und bewerten – bei manchen Menschen stärker als bei anderen (Kernis et al., 1993). Welche Ereignisse sind es, die selbstwertbedrohend wirken, und wie wird mit ihnen umgegangen?

4.1 Wodurch entstehen Selbstwertbedrohungen?

Als selbstwertbedrohend werden üblicherweise Ereignisse gesehen, welche das positive Selbstbild in Frage stellen. In erster Linie sind hier negative Kritik, Misserfolg und zwischenmenschliche Konflikte zu nennen. Besteht ein Student eine Prüfung nicht, so wird er an seinen Fähigkeiten zweifeln, verliert eine Person seine Arbeit, fragt sie sich, ob sie etwas falsch gemacht hat, oder wird eine Person von dem Partner verlassen, entsteht bei ihr das Gefühl, nicht liebenswert zu sein.

Bewertung von Ereignissen. Doch nicht nur objektiv negative Ereignisse können selbstwertbedrohend sein. Nehmen wir einen Studenten, der seine Prüfungen stets mit der Note „sehr gut" bestand. Wenn er seine Selbstwertschätzung stark von Leistung abhängig macht und nun einmal „nur" die Note „gut" erhält, wird er dieses objektiv gutes Ergebnis als bedrohlich erleben. Ein weiteres Beispiel ist sachliche, zutreffende Kritik: Manche Menschen können mit konstruktiver Kritik angemessen umgehen, sie greifen die Kritik auf und handeln entsprechend. Andere wiederum sind stark verunsichert, erleben die Kritik als Bedrohung für den Selbstwert.

> **DEFINITION**
>
> **Selbstwertbedrohung:** Das positive Selbstbild wird durch negative und negativ erlebte Ereignisse in Frage gestellt.

4.2   Umgang mit Selbstwertbedrohung

4.2.1   Selbstwertdienliche Interpretation von Misserfolgen und Konflikten

Menschen deuten potentiell selbstwertbedrohende Ereignisse wie Misserfolge und Konflikte häufig in der Weise um, dass sie weniger negative Implikationen für das Ansehen bzw. die Selbstwertschätzung haben. Die Interpretation von Ereignissen dient also dem Schutz des Selbstwertes.

Öffentlicher Bereich. Sehr deutlich können wir selbstwertdienliche Neuinterpretationen negativer Ereignisse im Kontext politischer Wahlen beobachten. Je nach Wahlausgang ergeben sich hier – objektiv gesehen – Gewinne oder Verluste verglichen mit der vorherigen Wahl. In den Kommentaren der Betroffenen wirken die Ergebnisse aber oft anders. Abele (1989) untersuchte die Kommentare von Parteienvertretern nach Wahlen und stellte fest, dass sich der typische Kommentar auch bei objektiven Verlusten zusammenfassen lässt als „Wir haben gewonnen!" Das Ergebnis der eigenen Partei wurde dabei im Allgemeinen positiv interpretiert, indem der jeweils passende Vergleichsmaßstab gewählt wurde – es war immerhin besser als prognostiziert, besser als unter den Umständen zu erwarten war, besser als das Ergebnis im Nachbarbundesland . . .

Halböffentlicher Bereich. Dass die meisten Menschen dazu neigen, sich mit Erfolg zu assoziieren, von Misserfolg aber zu distanzieren, zeigt sich ebenfalls im halböffentlichen Bereich. Eine Studie an der Arizona State University belegt, dass Studierende nach einer Niederlage der Mannschaft ihres College eher sagen „Die haben verloren!", bei Siegen aber stolz verkünden „Wir haben gewonnen!" (Cialdini et al., 1999) und sich außerdem nach Siegen mit Emblemen der Zugehörigkeit, wie Universitäts-T-Shirts, zeigen.

Privater Bereich. Auch im privaten Bereich fällt es den meisten Menschen schwer, Fehler einzugestehen. Misserfolge und Konflikte werden meist in mehr oder minder selbstwertdienlicher Weise interpretiert. Für Erfolge wird gern Verantwortung übernommen, für Misserfolge werden dagegen äußere Umstände verantwortlich gemacht. In Prüfungssituationen tritt dies häufig auf. Besteht man eine Prüfung mit sehr gutem Ergebnis, bezieht man die gute Note auf die eigenen Fähigkeiten oder auf die gute Vorbereitung. Fällt das Ergebnis weniger gut aus, dann schiebt man es auf den abgefragten Stoff, die Prüfungssituation an sich („Es war zu warm im Raum") oder auf den Prüfer.

Manchmal hört man Eltern je nach Situation unterschiedlich von ihren Kindern sprechen. Benimmt sich das Kind gut, heißt es „mein Kind", treten jedoch

Probleme auf, wird oft dem anderen Partner gegenüber von „deinem Kind"
gesprochen oder im schulischen Bereich den Lehrern die Schuld gegeben. Ähnliches geschieht auch bei Verwandten, die in Abhängigkeit davon, ob Harmonie
oder Konflikt herrscht, „unsere" oder „deine" Verwandten sind.

4.2.2 Umgang mit Kritik

Wollen wir hören, was angenehm ist, oder was zutrifft? Es kann davon ausgegangen werden, dass das Bedürfnis, die eigene Selbstwertschätzung zu schützen
bzw. zu erhöhen, universell ist, und dass Menschen in der Regel versuchen,
solche Bedrohungen abzuwehren (Greenberg et al., 1992). Für Menschen mit
niedriger Selbstwertschätzung sind negative Rückmeldungen besonders belastend. Hohe Selbstwertschätzung hilft, Kritik und andere negative Informationen
abzuwehren und sich davon nicht in Frage stellen zu lassen.

Kritikempfindlichkeit. Wie generelle Selbstwertschätzung sich auf den Umgang mit Schmeichelei und mit zutreffender, aber negativer Information auswirkt, untersuchte ein Team an der University of Washington (Bernichon et al.,
2003). Die Forscher stellten fest, dass Menschen mit hoher Selbstwertschätzung
mehr Interesse daran hatten, sich weiter mit Personen zu unterhalten, die bei
einer ersten Begegnung genau die Schwächen des Gegenübers genannt hatten.
Menschen mit niedriger Selbstwertschätzung wollten hingegen lieber mit Personen sprechen, die sich schmeichelnd geäußert hatten – auch wenn diese Einschätzungen nicht korrekt waren (d. h. der Selbsteinschätzung widersprachen).
Offensichtlich ist für Menschen, deren Selbstwertschätzung schwach ist, negative
Information zu bedrohlich, als dass sie bereit wären, sich ihr auszusetzen. Menschen mit hoher Selbstwertschätzung haben damit weniger Probleme.

Blaine und Crocker (1993) haben gezeigt, dass insbesondere Menschen mit
hoher Selbstwertschätzung defensiv reagieren und z. B. die Gültigkeit negativer
Rückmeldungen in Frage stellen. Menschen mit positiven selbstbezogenen Überzeugungen sind sich meist sicher, für Erfolge selbst verantwortlich zu sein, wollen aber nicht glauben, dass ein Misserfolg an ihnen liegen kann.

Zwei Motive. Für Personen mit niedriger Selbstwertschätzung ergibt sich
bei negativen Rückmeldungen ein Konflikt zwischen einem so genannten Konsistenzmotiv und einem Selbstwert-Erhöhungsmotiv. Einerseits möchten sie
– wie wir alle – zutreffend wahrgenommen werden, andererseits aber auch
positiv.

Konsistenzmotiv: Bedürfnis danach, zutreffend wahrgenommen zu werden.

Selbstwert-Erhöhungsmotiv: Bedürfnis danach, positiv wahrgenommen zu werden.

Integrativer Selbstschemaansatz

Eine differenzierte Theorie zur Erklärung der Reaktionen in dem Konflikt, sowohl zutreffend als auch positiv wahrgenommen werden zu wollen, wurde im so genannten „Integrativen Selbstschemaansatz" von Stahlberg et al. (1996) an den Universitäten Kiel und Mannheim entwickelt. Die Autoren postulieren, dass es bei diesem Konflikt eine Rolle spielt, (1) wie gefestigt bestimmte Teile des Selbstkonzeptes sind, und (2) ob die Person motiviert ist, sich zu verändern.

Gefestigte Überzeugungen. In Bereichen, in denen man gefestigte Überzeugungen von sich hat (Schemata), reagiert man eher im Sinne der Konsistenztheorie – man lehnt bei negativer Selbstsicht positive Rückmeldungen als unglaubwürdig ab. Wenn beispielsweise Paul meint, er sei künstlerisch nicht begabt und erhält eine Auszeichnung auf ein von ihm gezeichnetes Bild, wird er dieses Lob nicht ernst nehmen können. In Bereichen mit weniger klaren Selbstbildern reagiert man aber im Sinne des Selbstwert-Erhöhungsmotivs – man freut sich über jedes Lob, auch wenn es eher unrealistisch ist. Hat Paul also keine genaue Vorstellung davon, wie begabt er beim Wasserskilauf ist, wird er nach einem Probelauf das Lob eines Trainers, er sei ein „Naturtalent", gerne annehmen.

Motivation zur Veränderung. In Bereichen, in denen ein starker Wunsch besteht, sich zu verbessern, einem persönlichen Ideal näher zu kommen, reagiert man eher selbstwerterhöhend; in Bereichen, in denen man keine Notwendigkeit der Veränderung sieht, eher konsistenzsuchend. Ulrike, die keine Gewichtsprobleme hat und im Urlaub einige Pfunde zulegt, wird die Bemerkung, sie sei schlanker geworden, eher als Fehleinschätzung ablehnen. Beate aber, die sich seit Monaten bemüht, abzunehmen, freut sich darüber.

> **!** Der Integrative Selbstschemaansatz besagt, dass Menschen dann eher zutreffend wahrgenommen werden möchten (Konsistenzmotiv), wenn sie in einem Bereich ein klares Selbstbild haben und wenn sie darin keinen Veränderungsbedarf sehen. Wenn sie aber in einem Bereich ein weniger klares Selbstbild haben und sich darin verändern möchten, dann möchten sie eher positiv wahrgenommen werden (Selbstwert-Erhöhungsmotiv).

Für Personen mit hoher Selbstwertschätzung ist eine negative Rückmeldung sowohl inkonsistent als auch selbstwertbedrohend. Kritik passt nicht in ihr Selbstbild und wird als unangenehm erlebt. Es ergibt sich also kein Konflikt aus den oben genannten Motiven – beide führen dazu, dass negative Informationen abgewehrt werden. Erhält Hella, die sich für außerordentlich sportlich hält, bei einem Probetraining ein schlechtes Ergebnis in einem Geschicklichkeitstest, dann ist für sie klar, dass entweder das Gerät nichts taugt, oder der Trainer es falsch abgelesen haben muss.

4.2.3   Selbstwahrnehmung nach Misserfolg

Wie beeinflussen Misserfolge die Selbstwahrnehmung? Führen Misserfolge dazu, dass wir enttäuscht oder gar verzweifelt sind und dass unsere Aufmerksamkeit auf unsere Schwächen gerichtet ist – oder ganz im Gegenteil dazu, dass wir uns auf Ressourcen und Stärken konzentrieren, um die Situation zu bewältigen?

Fokussierung auf Stärken und Schwächen
Eine Studie von Dodgson und Wood (1998) zeigt, dass sich Personen je nach Höhe der Selbstwertschätzung darin unterscheiden, ob sie auf Misserfolge mit emotionaler Belastung reagieren. Die Versuchsteilnehmer und -teilnehmerinnen

Abbildung 4. Emotionale Belastungen in Zusammenhang mit Misserfolgen sind für Menschen mit niedriger Selbstwertschätzung typisch. Das geringe Vertrauen in die eigenen Fähigkeiten führt zur Misserfolgserwartung, dadurch steigt die Wahrscheinlichkeit eines Misserfolgs. Tritt sie dann ein, wird sie wiederum auf die geringe Fähigkeit zurückgeführt und auf andere Bereiche des Selbstwertes generalisiert

nahmen zunächst an einer Aufgabe zum verbalen Problemlösen teil. Ein Drittel der Personen erhielt einfache Aufgaben und danach eine Erfolgsrückmeldung, ein Drittel sehr schwierige Aufgaben und danach eine Misserfolgsrückmeldung und ein Drittel keine Rückmeldung (davon hatte die Hälfte schwierige, die andere Hälfte einfache Aufgaben bearbeitet). In einem scheinbar mit dem ersten unverbundenen zweiten Experiment sollten die Versuchspersonen durch rasches Drücken von Tasten am PC entscheiden, inwieweit bestimmte (positive oder negative) Eigenschaften auf sie zutreffen.

Wer sich wertschätzt, achtet auf seine Stärken. Beobachtet wurde, dass bei den positiven Eigenschaften (Stärken) generell schneller reagiert wurde. Aber die Personen, die hohe Selbstwertschätzung aufwiesen und zuvor Misserfolg hatten, reagierten besonders schnell auf Stärken, Personen mit niedriger Selbstwertschätzung und Misserfolg besonders schnell auf Schwächen. Das Misserfolgserlebnis hatte bei beiden Gruppen die kognitive Verfügbarkeit von Stärken oder Schwächen anscheinend in unterschiedlicher Weise beeinflusst: Personen mit hoher Selbstwertschätzung scheinen in diesen Situationen quasi kompensatorisch eher auf ihre Stärken fokussiert, Personen mit niedriger Selbstwertschätzung sind stark mit ihren Schwächen beschäftigt. Diese Ergebnisse können Hinweise darauf liefern, wie es zur Stabilisierung hoher und niedriger Selbstwertschätzung durch unterschiedlichen Aufmerksamkeitsfokus kommt.

4.2.4   Selbstwertschutz und seine Kosten

Menschen haben im Allgemeinen ein starkes Bedürfnis, ihren Selbstwert zu schützen und zu erhöhen. Viele mehr oder weniger direkte und offensichtliche Strategien werden eingesetzt, um sich gut zu fühlen bzw. mit sich zufrieden zu sein. Allerdings sind mit dem Einsatz verschiedener Strategien nicht immer nur Vorteile verbunden.

Langfristiger Misserfolg. In Untersuchungen mit Computerplanspielen zeigte Dörner (1993, 1999), dass das Bemühen um Schutz des eigenen Selbstwertes (dort „Kompetenzgefühl" genannt) zu ungünstigen Entscheidungen führen kann. Wenn Menschen in den Szenarien, in denen komplexe Aufgaben zu bearbeiten sind (z. B. Koordination einer Firma als Manager), massive Misserfolge haben, bemühen sie sich mehr um Selbstwertschutz als Sachüberlegungen anzustellen, und dies führt zu Problemlösefehlern (Strohschneider, 2002). Menschen ignorieren dann z. B. langfristige Folgen kurzfristiger Gewinne oder lassen Nebenwirkungen unberücksichtigt, wenn sie ein bestimmtes Ziel vor Augen haben.

Lerngelegenheit verpasst. Blaine und Crocker (1993) argumentieren in einem Literaturüberblick, dass kurzfristiger Nutzen hierbei oft mit langfristigem Schaden verbunden ist. Kurzfristig gesehen ist es angenehm, die Selbstwertschätzung durch Nutzung verschiedener Kontingenzen zu wahren, also etwa Situationen aufzusuchen, in denen positive Rückmeldungen erfolgen, und andererseits Situationen zu vermeiden, welche die Selbstwertschätzung angreifen. Wenn Dieter gut Fußball spielt, aber nicht singen kann – warum sollte er einem Chor statt einem Fußballverein beitreten? Die Suche nach Anerkennung und Bestätigung hat also ihren Preis. „Kosten" entstehen beispielsweise dadurch, dass jemand herausfordernde Situationen meidet, um keinen Misserfolg zu haben und somit Lerngelegenheiten verpasst (vgl. Kap. 5.1; Dweck, 1986; Dykman, 1998).

Wenn ein starker Wunsch nach Anerkennung besteht und das Handeln danach ausgerichtet ist – also das getan wird, was anerkannt, und das vermieden, was kritisiert wird – kann durch eine derartig einseitige Aufmerksamkeitsfokussierung Wichtiges übersehen werden: Wenn Paula, um Missbilligung zu vermeiden, sich vor allem darauf konzentriert, was andere über sie denken, bleibt ihr unter Umständen wenig Gelegenheit, sich inhaltliche Gedanken über anstehende Aufgaben zu machen. Wenn Heike im Streit ihrem Partner völlige Ignoranz vorwirft, um sich zu behaupten, mag sie sich momentan zwar vielleicht überlegen fühlen, langfristig ist der Partner aber vielleicht gekränkt und die Beziehung beschädigt. Wenn Stefan in außerehelichen Beziehungen Bestätigung sucht, wird er sich kurzfristig begehrenswert fühlen, langfristig aber mit seinem Verhalten, das seinem Selbstkonzept widerspricht, unzufrieden sein und die Ehe gefährden. In diesen Handlungen dominiert aktueller Selbstwertschutz, langfristige Ziele werden aber vernachlässigt.

4.2.5 Die Assoziation von Misserfolg mit Ablehnung

Ein Vater steht am Rand des Fußballfeldes, auf dem sein Sohn spielt, und ruft immer dann, wenn der Junge den Ball erfolgreich schießt: „Bravo!", „Prima!", „Gut gemacht!", wenn der Junge aber daneben schießt, ruft er: „Nein, das gibt's doch nicht! Wie kannst du das tun?" Für den Jungen entsteht durch solche Erlebnisse möglicherweise der Eindruck: „Wenn ich schlecht spiele, mag mein Vater mich nicht, wenn ich aber ein Tor schieße, dann liebt er mich." Derartig selektives Lob in Abhängigkeit von Erfolg ist ein Merkmal kontingenter Beziehungen. Dieses Verhalten kann zur Ausprägung kontingenter Selbstwertschätzung führen – dazu, dass der Junge sich nur dann als wertvollen Menschen erlebt, wenn er erfolgreich ist.

Kontingente Beziehungen: „Ich liebe dich nur, wenn du meinen Erwartungen entsprichst!"

Kontingente Selbstwertschätzung: „Ich bin nur wertvoll, wenn ich anerkannt werde!"

Assoziationen von Erfolg und Akzeptanz überprüften Baldwin und Sinclair (1996) in einem Experiment. Die Teilnehmerinnen und Teilnehmer lasen Sätze wie „Wenn ich in einem Test versage, werde ich traurig sein" oder „. . ., werde ich abgelehnt werden". Das Team zeigte, dass bei Personen mit niedriger Selbstwertschätzung Begriffe des Erfolgs oder Misserfolgs schneller mit Begriffen der Akzeptanz oder Ablehnung assoziiert wurden als bei Personen mit hoher Selbstwertschätzung. Der Zusammenhang von Misserfolg und Ablehnung scheint typisch für Personen mit niedriger Selbstwertschätzung. Das mag daran liegen, dass durch kontingente Verarbeitungsmuster wie im Beispiel von Vater und Sohn die Entwicklung hoher stabiler Selbstwertschätzung beeinträchtigt ist. Durch diese Muster werden Selbstwertbedrohungen wahrscheinlicher – immer, wenn etwas schief geht, hat das Folgen für die Selbstwertschätzung.

4.2.6 Konfrontation oder Einschmeichelung nach Misserfolg

Fühlen sich Menschen in ihrem Selbstwert bedroht, so reagieren sie darauf unterschiedlich – manche sind eingeschüchtert und ängstlich, andere trotzig und selbstbewusst. Die Höhe der Selbstwertschätzung hat sich in diesem Zusammenhang als relevanter Faktor erwiesen: Ist die Selbstwertschätzung hoch, so wird eher selbstbewusst, ist sie niedrig, eher ängstlich reagiert.

Angst oder Trotz? In einem Experiment von Heatherton und Vohs (2000) wurden Studenten Aufgaben gestellt: Die eine Gruppe erhielt einfache Aufgaben und keine Rückmeldung (Erfolgsgruppe), die andere sehr schwierige Aufgaben und eine negative Rückmeldung (Misserfolgsgruppe), eine weitere Gruppe bildete die Kontrollgruppe (je zur Hälfte Erfolgsbedingung und Misserfolgsbedingung). Die Versuchsteilnehmer unterhielten sich anschließend mit anderen Studenten auf der Basis strukturierter Fragen zum gegenseitigen Kennenlernen. Das strukturierte Interview begann mit allgemeinen Fragen („Wie alt bist du?", „Was studierst du?") und ging dann zu persönlicheren Fragen über, z. B. hinsichtlich Einsamkeitsgefühlen und frühen Erinnerungen; die Fragen wurden also immer intimer. Anschließend wurden die Teilnehmer durch ihr Gegenüber beurteilt. Beurteilungsdimensionen waren z. B. intelligent versus nicht intelligent, fleißig versus faul, bescheiden versus arrogant. Ziel der Untersuchung war es, festzustellen, wie sich Menschen mit hoher und Menschen mit niedriger Selbstwertschätzung nach Erfolg bzw. Misserfolg verhalten.

Einfluss der Selbstwertschätzung. Es zeigte sich, dass die Personen, die Misserfolge erlebt hatten, also in ihrer Selbstwertschätzung bedroht waren, anders beurteilt wurden als die Personen, welche Erfolgserlebnisse gehabt hatten – allerdings in Abhängigkeit von der Höhe der Selbstwertschätzung der Person: In der Bedrohungsbedingung wurden Personen mit hoher Selbstwertschätzung als weniger sympathisch eingestuft als in der Erfolgsbedingung. Personen mit niedriger Selbstwertschätzung wurden jedoch, verglichen mit der Kontrollbedingung, als sympathischer eingestuft.

Personen mit hoher Selbstwertschätzung waren offensichtlich überrascht vom Misserfolg, schienen ihn zu negieren und aufgebracht zu reagieren. Sie reagierten „trotzig", schirmten sich ab und wurden als relativ konfrontativ-antagonistisch, arrogant und unhöflich erlebt.

Personen mit niedriger Selbstwertschätzung reagierten ganz anders. Ihre Verarbeitungsstrategie war es, besonders nett, freundlich und zuvorkommend zu sein. Sie suchten offensichtlich soziale Anerkennung. Personen mit niedriger Selbstwertschätzung sind sich der Akzeptanz durch andere nicht sicher und daher stets bemüht, mit dem Gegenüber in Einklang zu stehen (Leary, Tambor, Terdal & Downs, 1995). Da sie deshalb mehr Sorge haben, abgelehnt zu werden, waren sie besonders bemüht, mit dem Gegenüber zu harmonieren, bei ihm „anzukommen".

So liefert auch diese Studie Hinweise darauf, dass Menschen mit niedriger Selbstwertschätzung eher besorgt sind, abgelehnt zu werden, soziale Beziehungen zu verlieren und sehr viel dafür tun, dieser Gefahr zu begegnen. In Misserfolgssituationen wird diese Tendenz besonders deutlich.

Rache als Strategie der Selbstwertwiederherstellung

Rache zu üben kann (subjektiv gesehen) eine Möglichkeit sein, wieder ein Gleichgewicht in einer Beziehung herzustellen, dadurch eine Selbstwertkränkung auszugleichen und Selbstwertschätzung wieder aufzubauen.

Noch heute wird auf Korsika oder in Teilen Albaniens nach Gesetzen der „Vendetta" oder des „Kanun der Berge" Blutrache geübt. Dabei geht es um das Sühnen von Ehrverletzungen. Auch in der Regenbogenpresse und Talkshows ist das Thema Rache beliebt. Häufig wird dort Partei ergriffen für ein Opfer, das sich Übergriffe nicht länger gefallen lässt und sich mit Racheakten in Robin-Hood-Manier gegen ungerechte Autoritäten zur Wehr setzt.

Die ZEIT vom 28. Juni 1996 berichtet: Ein 31-jähriger Mann aus Köln entwertet versehentlich eine Anschlusskarte falsch und muss eine Geldbuße von 30 Mark zahlen. Das empfindet er als ungerecht und ärgert sich darüber so sehr, dass er daraufhin systematisch und regelmäßig mit einer Monatskarte, welche die kostenlose Mitnahme von Mitfahrern erlaubt, zum „Fahrgastfischen" geht. Kunden, die sich gerade ein Ticket am Automaten ziehen wollen, bietet er die kostenlose Mitnahme an – um den Verkehrsbetrieben Einnahmen zu entziehen. Über die Fahrten führt er sorgsam Buch. Zum Zeitpunkt des Berichts hat er bereits über 2.300 Reisenden zu einer kostenlosen Fahrt verholfen.

Rache ist Vergeltung für erlebtes Unrecht, geht aber oft über das Ausmaß des erlittenen Unrechts hinaus (Brown, 1968). Die subjektiv erlebte Selbstwertschädigung ist dann bedeutsamer als der objektiv entstandene sachliche Schaden. Durch den Akt der Rache soll Selbstwert wiederhergestellt und die durch die Schädigung ins Ungleichgewicht gebrachte Beziehung reguliert werden. Daneben kann es darum gehen, beim Täter Unrechtsbewusstsein zu wecken. Häufig führt Rache allerdings zu erneuter Vergeltung und damit zu Konflikteskalation (Kim & Smith, 1993).

Macht und Gerechtigkeit

Rache hat mit Macht und Gerechtigkeit zu tun. Sie auszuüben stellt oft einen Versuch dar, Gerechtigkeit wiederherzustellen oder das eigene Ansehen zu retten. Ob sie geübt wird, hängt aber auch von der Angst vor wiederum folgender Vergeltung ab. Wie Kim et al. (1998) zeigen, kann dabei eine unbeteiligte dritte Partei eine bedeutsame Rolle spielen. In einem Experiment wurde Versuchsteilnehmern ungerechterweise Schaden zugefügt von einem instruierten Gegenüber, das in der Versuchsbedingung (1) mehr, und in der Versuchsbedingung (2) weniger Macht als sie selbst besaß. Variiert wurden die Versuchsbedingungen durch die Anwesenheit und Abwesenheit einer dritten, gerechtigkeitsorientierten Person.

War die dritte Partei anwesend, wurde Rache gegenüber einem mächtigeren „Täter" häufiger als gegenüber einem weniger mächtigen geübt. Ohne Zeugen galt das Gegenteil: Rache wurde gegenüber einem weniger mächtigen „Täter" häufiger als gegenüber einem mächtigen geübt. Vor einer gerechtigkeitsorientierten neutralen Instanz wagt man offensichtlich, wieder Gerechtigkeit herzustellen, aber ohne Zeugen befürchtet man, dass eigene Rache weitere Übergriffe zur Folge haben könnte.

Rache und Hierarchie. In einer Untersuchung mit 141 Verwaltungsangestellten (Aquino et al., 2001) wurden Angstelle niedriger Hierarchieebenen mit Angestellten höherer Ebenen hinsichtlich Rachehandlungen miteinander verglichen. Angestellte niedriger Hierarchieebenen zeigten untereinander häufiger Racheakte als solche höherer Ebenen – vermutlich weil letztere andere Möglichkeiten haben, ihre Ziele durchzusetzen oder die beschädigte Selbstbewertung wiederherzustellen. Betrachtet wurde auch das Racheverhalten zwischen den Hierarchieebenen: Angestellte höheren Status rächten sich bei niedriger gestellten Angestellten häufiger als umgekehrt. Offenbar wird die Normübertretung durch Rangniedrigere als besonders beleidigend erlebt und Vergeltung für den Racheakt weniger erwartet, und offenbar trauen sich Angestellte niedrigerer Ebene weniger, Rache gegenüber Höhergestellten zu üben.

Ist Rache immer schlecht? Gegen eine ausschließlich negative Bewertung von Racheakten sprechen sich Bies und Tripp (1998) aus. Sie stellen bei Untersuchungen im Arbeitskontext fest, dass Racheübende oft prosozial motiviert sind (z. B. weitere Normübertritte des Täters verhindern wollen) und dass sich durchaus positive Folgen, z. B. Konsolidierung eines Verhaltenskodexes, feststellen lassen.

Rettung der Ehre. Nach erfolgten Rachehandlungen berichten die Akteure häufig über ein Gefühl der Befriedigung, da sie den Eindruck haben, ihre Ehre und damit ihre Selbstwertschätzung wiederhergestellt zu haben. Manchmal scheint die Wahrung des Selbstwertes sogar wichtiger als materielle Interessen – es kommt zum Pyrrhussieg, weil für eine Rachehandlung und die Selbstwertrettung massiver eigener Schaden in Kauf genommen wird (Baumeister & Schütz, 1997).

> **BEISPIEL**
>
> „Ich habe eine sehr schlechte Ehe geführt, habe mich dann scheiden lassen. (. . .) Er hatte auch noch ein Zimmer bei uns in der Wohnung, so dass wir uns oft gesehen haben. Jedes Mal, wenn ich das Gefühl hatte, ich könne uns noch mal eine Chance geben, hat er sich eine Freundin gesucht und hatte eine Beziehung. (. . .) Obwohl ich geschieden war, war ich immer noch gekränkt und verletzt, auch eifersüchtig. Er hat dann auch die Kinder ziemlich schlecht behandelt, hat auch mal zugeschlagen. Da hab' ich dann gedacht, jetzt reicht's. (. . .) Ich hab schon viel früher solche Sachen probiert, so die Sicherung rausgedreht. Oder ich hab' von einer Freundin, die er in Ungarn kennen gelernt hat, wo ich dann erfahren habe, er wollte sie heiraten, da hab' ich die ganzen Bilder schrittweise vernichtet. Darüber hat er sich auch mächtig aufgeregt. Dann bin ich mal heimlich in sein Zimmer geschlichen und hab seine

Kontoauszüge angeschaut, um festzustellen, ob er mir nicht mehr Unterhalt bezahlen muss. Das hat sich auch bewahrheitet. Er musste dann auch mehr bezahlen. Das war alles nicht so direkt Rache, aber ich hatte schon lange das Gefühl, dass ich was tun muss, aber es hat sich nie so richtig ergeben. Und dann ist mir das halt eingefallen. (. . .)

Er ist immer im Bademantel und bloßen Füßen durch die Wohnung marschiert. (. . .) Eines Abends, als ich wusste, er kommt vom Dienst zurück, habe ich (. . .) vor der Tür Reißnägel ausgestreut. Und zwar nicht nur ein paar, sondern ziemlich viele, flächendeckend (. . .) Ich hab' mich in das Bett gelegt, das unmittelbar neben der Tür stand, habe unter der Zudecke abgewartet und dann hat das auch genauso funktioniert (lacht), wie ich mir das vorgestellt habe." (Vgl. Wolfschmitt, 1997, S. 89–91)

5 Probleme als Lerngelegenheit

Was Sie in diesem Kapitel erwartet

Auf Ereignisse, die das Selbstwertgefühl bedrohen, zeigen Menschen häufig abwehrende und defensive Reaktionen – die Implikationen des Ereignisses für öffentliches Ansehen und Selbstwert sollen minimiert werden. Diese Reaktionen erscheinen auf den ersten Blick günstig – man schützt schließlich den Selbstwert, aber auf den zweiten Blick erweisen sie sich als problematisch (vgl. Kap. 4.2). In diesem Kapitel werden die Probleme und Kosten defensiver Reaktionen näher betrachtet, und alternative Verhaltensweisen werden aufgezeigt.

5.1 Defensive Reaktionen verbauen Lerngelegenheiten

Werden Informationen über Misserfolge und kritische Rückmeldungen abgewehrt, so können dadurch wichtige Informationen zur persönlichen Weiterentwicklung verloren gehen. Wenn Hanjo nicht wahrhaben will, dass seine Vorbereitung auf eine Prüfung nicht ausreichend war, läuft er Gefahr, sich beim nächsten Mal wieder ungenügend vorzubereiten. Wenn Emma die Unzufriedenheit ihrer Freundin über die herablassende Art und Weise, wie Emma mit ihr umgeht, ausblendet, läuft sie Gefahr, diese Freundin zu verlieren. Die Eheleute, die sich wechselseitig die Schuld an ihre Beziehungsprobleme zuweisen, verpassen die Möglichkeit, sich gemeinsam weiterzuentwickeln und gefährden ihre Beziehung.

BEISPIEL

„Angst macht mich stark. Angst, zu verlieren. Ich erinnere mich nicht an Siege. Nur an Niederlagen." Diese Boris Becker zugeschriebenen Aussagen stehen unter der Überschrift „Inner Strength" in einer Werbung für Schweizer Qualitätssportuhren (Der Spiegel, 45/98). Ganz ähnlich betont Becker in einer Werbeanzeige für Mercedes Benz nach dem Elch-Test-Debakel der A-Klasse das Lernen aus Fehlern: „Ich habe aus meinen Niederlagen mehr als aus meinen Erfolgen gelernt." Begleitender Slogan: „Stark ist, wer keine Fehler macht. Stärker, wer aus seinen Fehlern lernt."

Die Fähigkeit, Kritik und selbstwertbedrohendes Feed-back anzunehmen und zu verarbeiten, kann helfen, sich zu verändern und neue Potentiale zu entwickeln. Umgekehrt besteht die Gefahr, dass defensive Reaktionen auf negative Informationen Lernen verhindern. Menschen können entweder nach Bestätigung suchen – dann sind Misserfolge eine Katastrophe, oder sie suchen nach Gelegenheiten, sich zu verbessern – dann sind Misserfolge eine Gelegenheit zu lernen.

5.1.1 Zielorientierungen: Bestätigung oder Wachstum?

Dykman (1998) von der Washington State University unterscheidet zwei Zielorientierungen: Bestätigungsorientierung und Wachstumsorientierung. So gibt es Menschen, die stärker nach Bestätigung, also Anerkennung von außen suchen, und Menschen, die stärker wachstumsorientiert sind und nach Weiterentwicklung streben. Diese beiden Zielorientierungen können mithilfe eines Fragebogens erfasst werden (vgl. Übersicht).

Beispielaussagen zur Bestätigungs- und Wachstumsorientierung (nach Dykman, 1998)

Suche nach Bestätigung	▶ „Anstatt bestimmte Aktivitäten und soziale Situationen zu genießen, sehe ich in den meisten Situationen eine Prüfung meines Wertes, meiner Kompetenz oder meiner Liebenswürdigkeit." ▶ „Es ist mir sehr wichtig zu beweisen, dass ich gut genug bin."
Wachstumsorientierung	▶ „Wenn ich an eine schwierige oder neue Situation herangehe, bin ich weniger damit beschäftigt, herauszufinden, was schief gehen kann, als damit, wie ich an Erfahrung wachsen kann." ▶ „An schwierigen Situationen schätze ich, dass ich aus meinen Fehlern lernen kann."

Angsterleben und Depressivität
Nach Dykman (1998) neigen Menschen mit Bestätigungsorientierung stärker zu Ängstlichkeit und Depressionen als Menschen mit Wachstumsorientierung. Er untersuchte bei über 100 Studierenden das Angsterleben kurz vor einer Prüfung. Es zeigte sich, dass die Studierenden mit Wachstumsorientierung deutlich weniger Angst empfanden als diejenigen mit Bestätigungsorientierung. Die Suche

nach Bestätigung hängt auch mit Depressivität zusammen. Mehrere Untersuchungen belegen, dass Bestätigungsorientierung bei depressiven Personen besonders häufig anzutreffen ist (vgl. Dykman, 1998).

Interpretation von Ereignissen. In einer weiteren Studie legte Dykman 44 Studierenden Szenarien mit positiven und negativen Ereignissen vor: bei einer Prüfung durchfallen, bei einer Prüfung gut abschneiden, eine Verabredung haben und einen wunderschönen Abend erleben, eine Verabredung haben und einen sehr unangenehmen Abend erleben usw. Die Teilnehmerinnen und Teilnehmer wurden gefragt, wie sie sich in diesen Situationen fühlen würden.

Die beiden Gruppen unterschieden sich nicht in ihrer Einschätzung der positiven Ereignisse. Bei der Einschätzung der negativen Ereignisse zeigte sich hingegen ein klarer Unterschied: Die Personen mit Bestätigungsorientierung bewerteten sich deutlich negativer, wenn sie sich in eine derartige Situation versetzten (z. B. „Ich wüsste, dass ich ein Versager bin"). Ihre Reaktion auf negative Ereignisse bzw. Misserfolg ist anscheinend dadurch gekennzeichnet, dass sie ein negatives Urteil über sich selbst fällen und den Misserfolg als Hinweis auf die eigene Unzulänglichkeit interpretieren. Personen mit Wachstumsorientierung tun dies weniger. Sie sind zwar auch unzufrieden mit dem Misserfolg, leiten aber daraus keine globale negative Selbstbewertung ab.

Bewältigungsreaktionen: passiv oder aktiv?

In einer weiteren Studie von Dykman (1998) wurden die Teilnehmer gebeten, sich an das belastendste Ereignis der letzten zwei Monate zu erinnern. Dieses sollten sie kurz beschreiben und dann anhand eines Fragebogens angeben, wie sie sich verhielten. Im Fragebogen waren Bewältigungsreaktionen enthalten, wie z. B. Selbstvorwürfe: „Ich machte mir Vorwürfe, das Problem verursacht zu haben", „Ich dachte über meine Schwächen und Fehler nach"; passives Grübeln: „Ich brütete über dem Problem, ohne etwas zu tun oder zu ändern", „Ich saß da und war betroffen"; oder Disengagement, das Aufmerksamkeitsabwendung beinhaltet: „Ich habe aufgegeben", „Ich beschäftigte mich mit anderen Dingen, um weniger an die Sache zu denken."

Wachstumsorientierte bewältigen Probleme aktiv. Die Ergebnisse weisen darauf hin, dass wachstumsorientierte Menschen zu aktivem Bewältigungsverhalten („Ich habe mich mit der Situation auseinander gesetzt"), positiver Neuinterpretation der Situation („Ich habe versucht, das Beste aus der Situation zu machen") oder zu Akzeptanz („Ich habe das Ganze so genommen, wie es nun mal ist") tendierten. Bestätigungsorientierte tendierten zu Selbstvorwürfen, Rückzug und passiven Reaktionen. Damit hat die Art und Weise, wie man an Herausforderungen herangeht, eine wichtige Bedeutung hinsichtlich der Beurteilung belastender Situationen und der Frage, ob man erfolgreich mit solchen Situationen umgeht. Insgesamt belegen die Untersuchungen, dass die Suche nach Bestätigung durch andere, also Anerkennung als Selbstwertquelle (vgl. Kap. 3.1), eine gefährliche und „wackelige" Angelegenheit ist – ein labiles Fundament, das zu Schwierigkeiten führen kann, weil die Betroffenen ungünstig auf belastende Ereignisse reagieren und Selbstwertverluste erleben.

 Bestätigungsorientierte tendieren zu passivem, Wachstumsorientierte zu aktivem Bewältigungsverhalten.

Zielorientierung und Wohlbefinden

In einer eigenen Untersuchung haben wir die Folgen der beiden Orientierungen in Bezug auf das Wohlbefinden in Interaktionen geprüft (Schütz et al., 2004). Etwa 100 Studierende an der TU Chemnitz führten zwei Wochen lang ein strukturiertes Tagebuch im Internet. Sie loggten sich mindestens einmal täglich auf der Website der Untersuchung ein und berichteten über ihre täglichen Interaktionen. Als Teil dieser Untersuchung wurden die berichteten selbstbezogenen Gedanken im Hinblick auf Positivität ausgewertet (Schröder, 2003). Es wurde festgestellt, dass Personen mit Bestätigungsorientierung über sehr unterschiedliche Situationen hinweg eher negativ über sich denken, Personen mit Wachstumsorientierung hingegen relativ positiv.

Bestätigungsorientierung führt zu Belastung. Offensichtlich ist die Suche nach Bestätigung eine Belastung, die zu zwischenmenschlichem Stress und negativer Selbstwahrnehmung führt. Wenn Anerkennung durch andere ausbleibt, werden solche Situationen als Versagenssituationen wahrgenommen. Demgegenüber ermöglicht die Orientierung an persönlichem Wachstum eine vorwärtsgewandte und optimistische Perspektive. Fehler sind nicht in erster Linie Hinweise auf Unzulänglichkeit, sondern zeigen vor allem Lerngelegenheiten auf. An diesen Punkten kann angesetzt werden, um eigene Ressourcen zu erweitern.

5.1.2 Überzeugungen: Sind Fähigkeiten stabil oder veränderbar?

Dweck (1999) untersuchte die Wachstums- und Bestätigungsorientierung bei der Einschätzung eigener Fähigkeiten. Sie geht davon aus, dass unterschiedliche Annahmen (Theorien) bezüglich Fähigkeiten unseren Umgang mit Herausforderungen steuern.

Entitätstheorie und inkrementelle Theorie. Menschen, die gemäß der Entitätstheorie glauben, dass Fähigkeiten stabil und gegeben sind, strengen sich bei Problemen weniger an. Denn ihrer Überzeugung nach sind ihre vorhandenen Fähigkeiten offenbar nicht ausreichend – Anstrengung wird kaum helfen. Menschen, die gemäß der wachstumsorientierten bzw. inkrementellen Überzeugung glauben, dass Fähigkeiten beeinflussbar sind, stellen sich den Herausforderungen; sie setzen verstärkt Energie für die anstehende Aufgabe ein und lernen dabei.

 Entitätstheorie: Fähigkeiten sind stabil und gegeben.
Inkrementelle Theorie: Fähigkeiten sind erlern- und trainierbar.

Intelligenz. Untersuchungen aus der Arbeitsgruppe von Dweck (1999) an der Columbia University zeigen, dass Kinder, die glauben, Intelligenz sei vererbt und damit relativ festgelegt, anders an Probleme herangehen als Kinder, die Intelligenz als das Ergebnis von Lernprozessen ansehen. Erstere haben vor allem das Ziel, Erfolge zu erleben („performance goals"), letztere wollen in erster Linie dazulernen („learning goals").

Das „Smart-Girl-Phänomen". Entitätstheorien werden als problematisch gesehen, weil sie offenbar plötzlichen Leistungsabfall bei steigenden Herausforderungen bewirken. Da dieses Problem besonders häufig Mädchen betrifft, die in der Grundschule als Musterschülerinnen galten, spricht Dweck auch vom „Smart-Girl-Phänomen". Vermutlich hatten sich die Entitätsüberzeugungen bei den Mädchen formiert, weil sie anfangs häufig für ihre schulischen Erfolge gelobt worden waren („Du bist intelligent", „Du bist begabt"). Sie waren es gewohnt, Aufgaben ohne Mühe zu lösen und sahen dies als Beleg für ihre Intelligenz. Sie gingen davon aus, dass Intelligenz etwas Gegebenes ist und sich in schulischen Erfolgen ausdrückt. Immer dann, wenn die Mädchen nun mit schwierigeren, neuen Problemen konfrontiert waren, mit Aufgaben, die sie nicht auf Anhieb lösen konnten, sahen sie dies nicht als Gelegenheit, hinzuzulernen, sondern als Bedrohung – als Bedrohung, erfahren zu müssen, dass ihre Fähigkeiten begrenzt sind, ihre Intelligenz nicht ausreicht. Dieser Bedrohung versuchten sie durch die Vermeidung schwieriger und herausfordernder Aufgaben zu entgehen, was letztlich zu einer suboptimalen Ausnutzung ihres Potentials führte.

Kinder mit inkrementeller Überzeugung. Andere Kinder, vor allem Jungen, denen es anfangs weniger leicht fiel, Erfolge zu erzielen und die daher immer wieder aufgefordert wurden, sich mehr anzustrengen, entwickelten andere Vorstellungen von Intelligenz und Leistung. Ihnen wurde deutlich, dass man dazulernt und sich verbessert, indem man sich den Herausforderungen stellt und sich anstrengt. In ihren Augen waren schwierige neue Aufgaben weniger eine Bedrohung als eine Gelegenheit zu lernen. Kinder mit inkrementeller Theorie hatten keine Angst vor neuen Aufgaben, weil sie diese als Gelegenheit sahen, sich weiterzuentwickeln.

Praxisbezug. Aus diesen bemerkenswerten Ergebnissen lassen sich Schlussfolgerungen für die Erziehung von Kindern ableiten: Achtet man bei der Bewertung der Kinder eher auf das Ergebnis, so fördert man die Entitätstheorie. Wird das Kind aber auch für seine Anstrengung und Mühen nach dem Motto „Übung macht den Meister" gelobt, lernt das Kind, dass Misserfolge auch Herausforderungen sein können, und es kann an diesen wachsen.

> **!** Ergebnisorientierte Bewertungen fördern die Annahme, dass Intelligenz unveränderlich ist und sind somit wenig hilfreich. Lob für Anstrengung und Mühe fördern die Entwicklung einer Einstellung, dass Erfolg beeinflussbar ist.

Überzeugungen und Zielorientierungen im sozialen Bereich

Verschiedene Theorien und Orientierungen können, so zeigt Dweck (1999), auch im zwischenmenschlichen Bereich Auswirkungen haben und unter anderem die Entwicklung von Vorurteilen mitbestimmen. Wenn negative Eigenschaften anderer als unveränderlich gesehen werden, führt das zu stärkerer Stigmatisierung als wenn von Veränderbarkeit ausgegangen wird.

Bezogen auf Partnerschaften können ebenfalls positive Aspekte einer wachstumsorientierten Perspektive angenommen werden. Ein Beispiel: Paul hat mit großem Einsatz für Anna gekocht. Sie empfindet das Essen als kaum genießbar. Sagt sie ihm das, wird für ihn der Abend „gelaufen" sein, und sicherlich wird er sich nicht so schnell an einen neuen Versuch wagen. Betont Anna aber, wie sie seinen Einsatz schätzt und bedankt sich für die Mühe, die er investiert hat, wird sich Paul vermutlich nicht zurückgesetzt fühlen und Mut schöpfen, es weiter mit dem Kochen zu probieren. Kochen können ist aus dieser Sicht weniger eine gegebene Fähigkeit als etwas, das sich entwickeln lässt.

5.2 Nondefensiver Umgang mit Selbstwertbedrohungen

Wie können selbstwertbelastende Informationen ohne Defensivität verarbeitet werden? Es gibt verschiedene Möglichkeiten: Man kann zu seinen Schwächen stehen, Schwächen können durch Stärken ausgeglichen und vergängliche Selbstwertkontingenzen durch stabile ersetzt werden.

Zu eigenen Schwächen stehen

Wer zu eigenen Schwächen steht, verhindert Angriffe von anderen. So kann es gelingen, Probleme nicht zur Bedrohung werden zu lassen, sondern konstruktiv zu nutzen – und Lerngelegenheit zu eröffnen.

> **BEISPIEL**
>
> Ende November 2001 bekennt sich der britische Premierminister Tony Blair zu seiner Rechtschreibschwäche. Zuvor hatte die Presse eine Notiz von ihm veröffentlicht, in welcher der Regierungschef das Wort „tomorrow" dreimal falsch geschrieben hatte. Sein Pressebüro hatte versucht, den Rechtschreibfehler auf seine Handschrift zu schieben. Er selbst sagte aber: „Zu meinem Bedauern muss ich mich schuldig bekennen und sagen, nein, es war nicht meine Schrift, sondern mein Fehler." (Spiegel Online, 22.11. 2001)

Das Beispiel mit Tony Blair illustriert ein Verhalten, bei dem auf potentiell selbstwertbedrohende Ereignisse nicht defensiv, sondern mit Eingeständnissen reagiert wird. Interessant ist, dass diese Reaktionsweise häufig zu weniger Presserummel führt als der Versuch, etwas zu leugnen, was ohnehin schon bekannt ist. Zu eigenen Schwächen stehen kann im Gegensatz dazu als persönliche Stärke wahrgenommen werden.

Selbstaffirmation und Kontingenzwechsel

Zwei konkrete Konzepte scheinen in Bezug auf nondefensiven Umgang mit Bedrohungen besonders relevant: Selbstaffirmation und Wechsel von Kontingenzen. Das Konzept der Selbstaffirmation wurde von Steele (1988) vorgeschlagen. Er argumentiert, dass Bedrohungen der Selbstwertschätzung bewältigt werden können, indem diese in anderen Bereichen gestärkt wird. Demnach können Niederlagen in einem Bereich durch Erfolge in anderen Bereichen „abgepuffert" werden. Die Folge ist Entlastung.

> **DEFINITION**
>
> **Selbstaffirmation:** Schwächen werden durch Stärken in anderen Bereichen ausgeglichen („. . . aber ich kann etwas anderes").

Eine zweite von Crocker (2002) beschriebene Strategie ist ähnlich. Es geht um die Veränderung von Kontingenzen, also darum, Veränderungen zu erreichen hinsichtlich der Faktoren, aus denen Selbstwertschätzung bezogen wird. Es wird angenommen, dass Kontingenzen aus folgenden Bereichen gespeist werden: familiäre Anerkennung, Wettbewerb, Aussehen, religiöse Orientierung, Erfolg, Wertorientierung (vgl. Kap. 3.2).

Im Sinne von Selbstwertstabilität kommt es dabei darauf an, Kontingenzen aufzugeben, welche Misserfolg und Belastung prädestinieren und alternative, sicherere Positionen zu gewinnen. Wenn ein Fotomodel altert, das Selbstwertschätzung aus Aussehen und öffentlicher Bewunderung bezog, bricht eine zentrale Selbstwertquelle ebenso weg, wie wenn ein Top-Manager entlassen wird, der Selbstwertschätzung vor allem aus beruflichen Erfolgen bezog. In beiden Fällen kann eine Neuorientierung in Richtung stabilere Selbstwertkontingenzen (z. B. Selbstakzeptanz) helfen. Es ist jedoch nicht leicht, die Vergänglichkeit bestimmter Kontingenzen (rechtzeitig) zu erkennen und Alternativen zu finden.

DEFINITION

Kontingenzwechsel: Vergängliche Kontingenzen (z. B. Aussehen) werden durch stabile (z. B. Selbstakzeptanz) ersetzt.

Bereits James (1890) bemerkte: „Irreale Hoffnungen aufzugeben ist erleichternd – genau so erleichternd, wie sie erfüllt zu bekommen" (S. 45). Sich von problematischen Kontingenzen auf günstigere hin zu orientieren kann somit helfen, die eigene Selbstwertschätzung vor Belastungen zu schützen. Zu beachten ist dabei, dass Kontingenzen, die für eine Person zu einem bestimmten Zeitpunkt unproblematisch sind, unter Umständen in einer anderen Situation problematisch sein können. Selbstwertschätzung aus Leistung zu beziehen kann zu hoher Produktivität führen und führt erst dann zu Selbstwertbelastungen, wenn die Person ihren eigenen Ansprüchen oder denen ihrer Umwelt nicht (mehr) genügt.

Stabile Selbstwertschätzung trotz Bedrohungen? Fraglich ist, ob Selbstwertschätzung unabhängig von Kontingenzen werden kann. Verschiedene Autoren argumentieren, dass es wichtig sei, sich unabhängig von der Wertschätzung anderer zu machen. Deci und Ryan (1995) sprechen in diesem Zusammenhang von „wahrer" Selbstwertschätzung. Derartige nichtkontingente Selbstwertschätzung ist relativ unempfindlich in Bezug auf mögliche Verletzungen und muss deshalb auch nicht verteidigt werden. Angenommen wird, dass eine solche Haltung auf vertrauensvollen Beziehungen basiert, die sich durch unbedingte, nichtkontingente Wertschätzung auszeichnen. Unbedingte Wertschätzung bedeutet, den anderen Menschen mit seinen Stärken und Schwächen anzunehmen.

Diese Vorstellung spielt in den therapeutischen Konzepten von Rogers (1961) oder Satir (1985) eine bedeutsame Rolle.

Selbstwertschätzung in Nordamerika. Basierend auf neueren empirischen Untersuchungen stellt Crocker (2002) fest, dass insbesondere in Nordamerika sehr wenige Menschen über nichtkontingente Selbstwertschätzung verfügen. Erklärt wird dieses Ergebnis mit der Beobachtung, dass es allgemein üblich ist, Selbstbewertung von Erfolgen, Aussehen oder Sportlichkeit abzuleiten. In einer Stichprobe von Studierenden hatten lediglich 4 Prozent bezüglich sämtlicher Kontingenzen einen niedrigen Wert, waren also in ihrer Selbstwertschätzung relativ unabhängig von Veränderungen der Faktoren Anerkennung, Erfolg oder Aussehen. Für diese kleine Personengruppe scheint zu gelten, dass ihre Selbstwertschätzung nicht in Abhängigkeit von bestimmten Veränderungen der Kontingenzen schwankt, sondern einfach gegeben ist. Mit derartiger Stabilität ist meist die Auffassung verbunden, wertvoll und unabhängig davon zu sein, was man erzielt und wie man von anderen bewertet wird – ein Ideal, das schwer zu realisieren scheint.

6 Stabilität und Instabilität der Selbstwertschätzung

Was Sie in diesem Kapitel erwartet

Dieses Kapitel behandelt Selbstwertschätzung hinsichtlich ihrer Stabilität. So kann die Selbstwertschätzung einer Person, ob hoch oder niedrig, über verschiedene Situationen hinweg relativ stabil sein oder aber stark schwanken. Wie entwickeln sich Stabilität und Instabilität der Selbstwertschätzung, und welche Konsequenzen haben sie? Gibt es Unterschiede hinsichtlich der Selbstwertstabilität zwischen Altersgruppen und zwischen Frauen und Männern?

6.1 Selbstwert als Eigenschaft und Zustand

Selbstwert ist, wie die meisten Persönlichkeitseigenschaften, durch eine Eigenschaftskomponente („trait") und eine Zustandskomponente („state") gekennzeichnet. Das heißt, dass einerseits von einem stabilen Anteil des Selbstwertes auszugehen ist, der als Personmerkmal gesehen werden kann – er basiert auf genetischen Einflüssen und der Lebensgeschichte. Andererseits sind Schwankungen in Abhängigkeit von situativen Veränderungen zu verzeichnen (vgl. Abb. 6.1).

DEFINITION

Selbstwert als Eigenschaft: Wie schätze ich mich üblicherweise ein?

Selbstwert als Zustand: Wie schätze ich mich jetzt im Moment ein?

Selbstwertstabilität im Verlauf des Lebens

In einer groß angelegten Studie führten Trzesniewski et al. (2003) von der University of California in Davis eine Metaanalyse mit 50 veröffentlichten Studien sowie eine Reanalyse der Datensätze aus vier großen nordamerikanischen Untersuchungen mit insgesamt über 70.000 Teilnehmerinnen und Teilnehmern durch. Sie untersuchten die Stabilität des Selbstwertes im Verlauf des Lebens. Die einzelnen Studien hatten dabei 6- bis 83-Jährige ein- bis fünfmal im Abstand von 1 bis 40 Jahren untersucht. Selbstwertschätzung erwies sich wie andere Persönlichkeitsvariablen als relativ stabil.

Selbstwertniveau

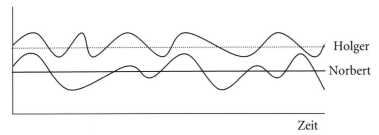

Zeit

Abbildung 6.1. Selbstwertschwankungen auf unterschiedlichem Niveau. Holger hat eine höhere Selbstwertschätzung als Norbert, aber beide erleben gleichermaßen Selbstwertschwankungen

Stabilität und Lebensalter. Betrachtet man einzelne Altersgruppen getrennt, so zeigt sich, dass die Stabilität der Selbstwertschätzung im Kindesalter besonders gering war, im Jugendalter und jüngeren Erwachsenenalter anstieg und im höheren Erwachsenenalter wieder geringer wurde.

Die Ergebnisse können so interpretiert werden, dass sich im Jugendalter und im jungen Erwachsenenalter durch schulische bzw. berufliche Erfolge und Konsolidierungen im Bereich von Partnerschaften eine relativ stabile Bewertung der eigenen Person herausbildet. Diese bleibt viele Jahre relativ konstant. Durch Veränderungen im höheren Erwachsenenalter wie gesundheitliche Einschränkungen, Rückzug aus dem Erwerbsleben und Verlust des Partners oder der Partnerin kann es schließlich zu Selbstwertverlusten kommen, was sich bezogen auf die Gesamtgruppe als Destabilisierung niederschlägt. Des Weiteren mag die im höheren Erwachsenenalter typische Rückschau auf das eigene Leben zur subjektiven Bilanz eines erfüllten Lebens führen, kann aber auch Misserfolgsgefühle provozieren.

 Selbstwertschätzung schwankt stark im Kindesalter, stabilisiert sich im jungen Erwachsenenalter und wird im Alter wieder instabiler.

Selbstwertstabilität als Personmerkmal

Das Ausmaß, in dem Selbstwertschätzung in Abhängigkeit von erlebten Situationen schwankt, ist bei verschiedenen Menschen unterschiedlich. Die Selbstwertschätzung mancher Menschen ist sehr stabil und kaum zu erschüttern. Das gilt insbesondere für Menschen mit nichtkontingenter, d. h. von äußeren Faktoren relativ unabhängiger Selbstwertschätzung (vgl. Kap. 3.1.3). Bei anderen Menschen führen bestimmte Ereignisse zu starken Veränderungen der Zustandsselbstwertschätzung. Das gilt insbesondere dann, wenn Bereiche betroffen sind, die für die Person bedeutsame Selbstwertkontingenzen, z. B. die Anerkennung durch die Familie, darstellen (vgl. Kap. 3.2).

Ungünstige Erziehungspraktiken können eine Ursache instabiler Selbstwertschätzung sein. Kernis et al. (2000) stellten fest, dass Kinder mit instabiler Selbstwertschätzung von ihren Eltern relativ wenig Anerkennung erhielten und häufig kritisiert wurden.

Messung der Stabilität. Um die Selbstwertstabilität zu erfassen, ließen Kernis et al. (2000) Versuchsteilnehmer und -teilnehmerinnen über vier Tage hinweg morgens und abends eine Skala zur aktuellen Selbstbewertung ausfüllen. Je nachdem, wie stark die Selbstbewertungen schwankten, wurden die Personen als stabil oder instabil klassifiziert.

Depressivität und Aggressivität. Kernis ist der Meinung, dass Selbstwertstabilität mindestens so bedeutsam ist wie Selbstwerthöhe, wenn es um die Auswirkungen der Selbstwertschätzung auf Erleben und Verhalten geht. Zum Beispiel steht nur stabile niedrige, nicht aber instabile niedrige Selbstwertschätzung in Zusammenhang mit Depressionen (Kernis et al., 1991). Das bedeutet, dass im Falle niedriger Selbstwertschätzung Instabilität günstiger ist als Stabilität des Selbstwertes. Instabile hohe Selbstwertschätzung ist im Gegensatz zu stabiler hoher mit besonderer Defensivität und Aggressivität verbunden. Auf Selbstwertbedrohungen reagieren diese Personen besonders feindselig (Kernis et al., 1989).

Wenn hohe Selbstwertschätzung starken Schwankungen unterliegt, so stellt sich die Frage, inwiefern hier von echter Selbstwertschätzung ausgegangen werden kann. Reagieren diese Personen deshalb stark defensiv, weil Ihr Selbstwert nicht dauerhaft hoch ist und sie ihn also immer wieder verteidigen oder erkämpfen müssen? (Vgl. Kap. 14)

 Selbstwertstabilität ist ein ebenso wichtiger Aspekt der Selbstbewertung wie die Selbstwerthöhe.

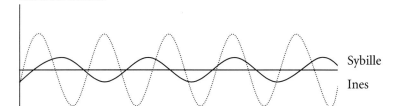

Abbildung 6.2. Unterschiedliche Schwankungen des Selbstwertes. Ines und Sybille haben über die Zeit die gleiche mittlere Selbstwertschätzung, allerdings erlebt Sybille kaum Schwankungen, d. h., ihre Selbstwertschätzung ist relativ stabil. Anders die Selbstwertschätzung von Ines, die sehr instabil ist und in Reaktion auf äußere Ereignisse in starkem Maße steigt oder fällt

6.2 Rückkoppelungen zwischen Verhalten und Selbstwahrnehmung

Einerseits wirkt sich die Art und Weise, wie Menschen sich wahrnehmen, auf ihr Verhalten aus („Ich bin ein hilfsbereiter Mensch, also helfe ich"), andererseits wirkt dieses Verhalten auf die Selbstwahrnehmung und -bewertung zurück („Ich helfe, also bin ich ein hilfsbereiter Mensch"). Diese Rückkoppelung wird vermittelt über soziale Rückmeldungen und soziale Vergleiche. Entsprechend diesen unterschiedlichen Vermittlungsprozessen lässt sich ein personaler und ein sozialer Weg der Internalisierung unterscheiden (vgl. Arkin & Baumgardner, 1986; Renner, 2002; Tice, 1992).

Personaler Weg. Beim personalen Weg der Internalisierung beobachtet eine Person ihr Verhalten und zieht daraus Rückschlüsse für ihr Selbstkonzept (Arkin & Baumgardner, 1986). Beispielsweise nimmt sich ein schüchterner Mann ein Herz und mischt sich bei einer Feier in eine Gesprächsrunde. Er beobachtet sich dann in der Gruppensituation und denkt: „So schlimm war es ja gar nicht." Diese Beobachtung des eigenen Verhaltens wirkt in günstiger Weise auf das Selbstkonzept zurück, er beurteilt seine sozialen Fähigkeiten bei nächster Gelegenheit positiver.

Umgekehrt sind auch negative Rückkoppelungen möglich: Jemand erlebt einen Misserfolg und ist unzufrieden mit dem eigenen Verhalten, was sich wiederum negativ auf die Selbstwertschätzung auswirkt. Wenn eine Studentin vor einer Prüfung unsicher ist, zittert und Herzrasen hat und sich sagt, „Oh je, ich bin so aufgeregt! Das zeigt ja, dass ich der Situation nicht gewachsen bin!", wird sie vermutlich noch skeptischer im Hinblick auf den eigenen Erfolg werden.

Sozialer Weg. Beim sozialen Weg der Internalisierung spielen andere Menschen eine vermittelnde Rolle, d. h., man verhält sich in bestimmter Weise, andere beobachten das, reagieren darauf, geben positive oder negative Rückmeldungen, was sich wiederum auf das Selbstkonzept auswirkt. Untersuchungen von Tice (1992) zeigten, dass der soziale Weg der Internalisierung einflussreicher in Bezug auf die folgende Selbsteinschätzung ist: Das, was wir vor anderen tun, wirkt sich stärker auf unser Selbstkonzept aus als das, was wir unbeobachtet tun.

In ihrer Studie wurden Teilnehmerinnen und Teilnehmer aufgefordert, sich je nach Versuchsbedingung unterschiedlich zu verhalten: Einige sollten sich emotional stabil geben, als Menschen, die sich angesichts der Höhen und Tiefen des täglichen Lebens standfest verhalten. Andere sollten sich als emotional responsiv geben, als Menschen, die mit starken Emotionen auf verschiedene Vorfälle reagieren, also fröhlich, verärgert oder traurig sind, wenn entsprechende Ereignisse eintreten. Wenn die Teilnehmer sich vor Publikum in der vereinbarten Weise präsentiert hatten, beurteilten sie sich anschließend stärker negativ oder positiv als wenn sie ohne Publikum entsprechend gehandelt hatten. Es lässt sich folgern, dass der Blick auf die eigene Person durch die Augen anderer als „Vergrößerungsglas" fungiert: Was andere von uns sehen, nehmen wir besonders ernst.

> **DEFINITION**
>
> **Personaler Weg der Internalisierung:** Die Beobachtungen des eigenen Verhaltens wirken zurück auf das Selbstkonzept.
>
> **Sozialer Weg der Internalisierung:** Die wahrgenommenen Reaktionen anderer wirken zurück auf das Selbstkonzept.

Wie sich hohe und geringe Selbstwertschätzung verfestigen

Rückkoppelungen zwischen Verhalten und Selbstwahrnehmung bewirken im günstigen Fall sich selbst verstärkende positive Prozesse, im ungünstigen Fall Teufelskreise. Schließlich verfestigt sich eine hohe oder niedrige Selbstwertschätzung. Bei der Verfestigung der Höhe der Selbstwertschätzung spielen (1) internale kognitive Prozesse und (2) Aufmerksamkeitsorientierungen eine entscheidende Rolle.

Kognitive Prozesse. Bei den kognitiven Prozessen sind Attributionsstile von Bedeutung. Ereignisse können auf innere oder äußere Ursachen zurückgeführt werden, d. h. internal oder external attribuiert werden. Misserfolg wirkt bei Personen mit hoher Selbstwertschätzung im Allgemeinen nicht selbstwertschädigend, da er external attribuiert wird („Die Umstände waren schuld"; vgl. Kap. 4.2.1). Hingegen schreibt sich eine Person mit niedriger Selbstwertschätzung typischerweise selbst die Verantwortung für negative Ereignisse zu – was wiederum ihre Selbstwertschätzung weiter beeinträchtigt.

Aufmerksamkeitsfokus. Personen mit hoher Selbstwertschätzung beschäftigen sich mehr mit ihren Stärken und achten verstärkt auf das, was sie können. Personen mit niedriger Selbstwertschätzung beschäftigen sich sehr stark mit ihren Schwächen, mit dem, was sie nicht können, was sie falsch machen, und sie bemühen sich, an diesen Schwächen zu arbeiten (vgl. Baumeister & Tice, 1985). Gerade nach Misserfolgen gelingt es Personen mit hoher Selbstwertschätzung leicht, sich auf ihre Stärken zu konzentrieren (Dodgson & Wood, 1998).

 Selbstwertschädigend wirkt es, wenn Misserfolg auf die eigene Person zurückgeführt (internale Attribution) und wenn stärker auf Schwächen geachtet wird.

Gefahren der Stile. Sowohl mit dem Attributionsstil als auch mit der Aufmerksamkeitsfokus sind Gefahren verbunden. Konzentration auf eigene Stärken hilft, Gelassenheit zu gewinnen und ein positives Selbstbild aufrechtzuerhalten, kann aber auch verhindern, dass notwendige Verhaltensänderungen stattfinden. Die Beschäftigung mit eigenen Schwächen ermöglicht Sensibilität für eventuell notwendige Veränderungen, kann aber auch dazu führen, dass eine negative Sichtweise der eigenen Person zementiert wird, dass sich der Eindruck verfestigt: „Ich kann aber auch gar nichts!"

Soziales Verhalten. Bezogen auf zwischenmenschliches Verhalten lassen sich ebenso Rückkoppelungen feststellen, die über den personalen oder den sozialen Weg vermittelt sein können. Selbstbewertungen werden durch das Verhalten in Interaktionen häufig verstärkt. Menschen mit hoher Selbstwertschätzung verhalten sich selbstbewusst und siegessicher und ernten damit oft Anerkennung oder Bewunderung, zum Teil aber auch Ablehnung (vgl. Kap. 4.2.6 und 11.1).

Niedrige Selbstwertschätzung verstärkt sich dagegen oft in Form von Teufelskreisen. Wer sich unterlegen und hilflos fühlt, verhält sich auch so und wird entsprechend behandelt. Joiner et al. (1992) stellten fest, dass Menschen mit depressiver Stimmung und niedriger Selbstwertschätzung exzessiv nach Bestätigung suchen und dass dies wiederum dazu führt, dass sie abgelehnt werden. In Wohnheimen wurden zu Beginn des Semesters und fünf Wochen später Studierende über ihre Mitbewohner befragt. Studierende, die niedrige Selbstwertschätzung aufwiesen, deprimiert waren und intensiv nach Bestätigung suchten, wurden zunehmend abgelehnt. Dies galt aber nur für Männer. Von ihnen scheint gemäß der traditionellen Geschlechterrolle eher erwartet zu werden, dass sie „die Zähne zusammenbeißen" und nicht „jammern".

Ablehnung durch andere. Ein weiteres Ergebnis der Untersuchung war, dass vor allem Mitbewohner, die durch einen nicht unterstützenden Verhaltensstil gekennzeichnet waren, sich gegenüber den bestätigungsorientierten Mitbewohnern ablehnend verhielten. Die Konstellation eines Bestätigung suchenden Studenten und eines nicht unterstützenden Kommilitonen scheint also besonders ungünstig. Des Weiteren ließ sich ein „Ansteckungseffekt" beobachten: Die negative Stimmung deprimierter Personen färbte über die Zeit auf die Personen ihrer Umgebung ab.

Untersuchungen von Powers und Zuroff (1988) weisen insgesamt ähnliche Ergebnisse auf. Sie konnten zeigen, dass Menschen, die geringe Selbstwertschätzung aufweisen und sich stark selbst kritisieren, von anderen abgelehnt werden (vgl. Kap. 11.4).

7 Wie entwickelt sich Selbstwertschätzung?

Was Sie in diesem Kapitel erwartet
Selbstwertschätzung ist für Wohlbefinden und Leistungsfähigkeit des Menschen zentral. Umwelteinflüsse auf die Selbstwertschätzung wie Erziehung oder Mobbing im Erwachsenenalter wurden bislang häufig untersucht. Doch spielen nicht auch genetische Einflüsse eine Rolle bei der Selbstwertschätzung? Kann ein „Gen für Selbstwertschätzung" angenommen werden? Über diese Frage hinaus behandelt dieses Kapitel die Entwicklung des Selbstwertes im Verlauf des Lebens.

7.1 Genetische Einflüsse auf die Selbstwertschätzung

Neuere Studien weisen darauf hin, dass neben bereits seit längerer Zeit bekannten Einflüssen der familiären Beziehungen (Jakobvitz & Bush, 1996) und des Erziehungsstils (Lamborn et al., 1991) auch genetische Faktoren die Selbstwertschätzung beeinflussen. Verglichen werden eineiige Zwillinge, die identisches Erbgut haben, mit zweieigen, die sich genetisch nur wie Geschwister ähneln. So kann festgestellt werden, welche relative Bedeutung Erbanlagen und Umwelteinflüsse haben.

Nachweis genetischer Einflüsse. Ein Vergleich verschiedener Studien zeigt, dass sowohl in Bezug auf die Höhe als auch die Stabilität der Selbstwertschätzung genetische Anteile eine bedeutsame Rolle spielen (Neiss et al., 2002). Sie konnten ein Drittel bis die Hälfte der beobachteten Unterschiede zwischen eineiigen und zweieiigen Zwillingen auf genetische Einflüsse zurückführen. Kindern wird also offenbar bereits im Erbgut ein bedeutsames Ausmaß an Selbstwertschätzung mitgegeben. Es wird vermutet, dass Selbstwertschätzung teils indirekt über Anlagen für Fähigkeiten und Temperamentseigenschaften vermittelt wird, teils direkt über Anlagen für Selbstwertschätzung vererbt wird.

Es ist bekannt, dass Interaktionsprozesse zwischen Eltern und Kindern maßgeblich für die Entwicklung des Selbstwertes sind. Hierbei spielen aber auch genetische Faktoren eine Rolle, denn Eltern und Kinder sind mit bestimmten Anlagen ausgestattet und reagieren aufeinander. Zum Beispiel können Eltern, die selbst gelassen sind, auf ein übermüdetes weinendes Kind, das Schwierigkeiten hat einzuschlafen, ruhiger reagieren als Eltern, die selbst zu Unruhe oder Nervosität neigen.

Informationsverarbeitungs-Stile. Im Modell von Cloninger et al. (1993) wird argumentiert, dass genetisch angelegte Informationsverarbeitungs-Stile sich auf grundlegende Temperamentsdimensionen wie Suche nach Neuem, Vermeidung von Schmerz, Hartnäckigkeit und Abhängigkeit von Belohnung auswirken. Diese genetischen Faktoren bestimmen die Art und Weise, wie Kinder ihre Umwelt wahrnehmen und auf sie reagieren und setzen so Verstärkungsprozesse in Gang, die zur Verfestigung von Persönlichkeitseigenschaften und Selbsteinschätzungen führen können.

 Selbstwertschätzung ist eine Funktion von Anlage und Umwelt.

Selbstwertentwicklung im Verlauf des Lebens

Selbstwertschätzung, die zum Teil umwelt- und zum Teil genetisch bedingt ist, entwickelt sich im Verlauf des Lebens eines Menschen in einer bestimmten Weise. Hierbei spielen Besonderheiten der jeweiligen Lebensphasen eine Rolle. Es sind die Phasen des Kleinkindalters, der Kindheit, der Pubertät und des Erwachsenenalters. Wie sich die Selbstwertschätzung im Verlauf des Lebens entwickelt, wird im Folgenden erläutert.

7.2 Das Kleinkindalter – die Fähigkeit zur Selbstwahrnehmung

In den ersten Lebensjahren entwickeln Kinder allmählich eine Vorstellung von ihrer eigenen Person. Die Entwicklung von Selbstkonzept und Selbstwertschätzung setzt dabei voraus, dass das Kind sich zunächst als eigenständiges Wesen wahrnimmt und über sich reflektiert. Wie sich diese Fähigkeit entwickelt, wurde in verschiedenen Studien geprüft. Beobachtet wurde, wie kleine Kinder reagieren, wenn sie sich im Spiegel, im Film oder auf einem Foto sehen (Brooks-Gunn & Lewis, 1984). Es wurde festgestellt, dass fünf bis acht Monate alte Kinder ihr Spiegelbild beobachten und ihm zulächeln. Zunächst reagieren die Kinder auf ihr Spiegelbild wie auf ein anderes Kind, später, etwa ab dem Alter von 15–18 Monaten, erkennen sie sich selbst (Filipp, 1980). Nachgewiesen wird das Erkennen der eigenen Person dadurch, dass die Kinder auf Veränderungen am eigenen Körper reagieren. Zum Beispiel appliziert die Mutter dem Kind unbemerkt etwas

Rouge auf Nase oder Stirn. Geprüft wird, ob das Kind beim Blick in den Spiegel dann an die eigene Nase oder Stirn fasst (Gallup, 1994).

7.3 Das Kindesalter – selbstbezogene Bewertungen

Sich wahrzunehmen und Wissen über sich zu erwerben führt zur Bildung eines internen Modells der eigenen Person, dem Selbstkonzept (Filipp, 1979). Das Selbstkonzept beinhaltet systematisiertes Wissen über die eigene Person. Dieses Wissen wird bereits relativ frühzeitig anhand basaler Bewertungen („gut – schlecht") beurteilt und bildet die Grundlage für die Entwicklung der kindlichen Selbstbewertung. Einzelne bereichsspezifische Bewertungen („Ich kann schon meinen Namen schreiben", „Ich bin hübsch") lassen sich zu einer allgemeinen Haltung gegenüber der eigenen Person, der Selbstwertschätzung („Ich mag mich", „Ich bin mit mir zufrieden"), zusammenfassen. Diese drückt sich in mehr oder weniger starkem Maß in einer positiven Haltung gegenüber der eigenen Person aus und ist im Vorschulalter zunächst in relativ globaler Form vorhanden und wird dann in Bezug auf bereichsspezifische Aspekte immer weiter differenziert (Verschueren et al., 2001).

 Basale Bewertungen („gut – schlecht") bieten die Grundlage der kindlichen Selbstwertschätzung.

Im Alter von zirka drei bis sechs Jahren erfolgen Selbstbewertungen insbesondere auf der Basis dessen, was das Kind schon tun kann (Rad fahren, Schuhe binden etc.). Das Auftreten spezifischer selbstbewertender Gefühle wie Stolz oder Scham wird bereits im Vorschulalter beobachtet (Schneider, 1997). Bei Sechsjährigen stellten Marsh et al. (1991) globale Selbstbewertungen fest (z. B. „Ich bin cool"). Kinder in diesem Alter haben offensichtlich jenseits von situativen Erfolgen bereits ein Konzept bezüglich der allgemeinen Bewertung ihrer Person. Ab diesem Alter entwickelt sich auch die Vorstellung eines abstrakten Selbst unter Einbeziehung von Gefühlen und Absichten. Zuvor ist das Selbst von Kindern vor allem durch das physische Selbst gekennzeichnet (Mohr, 1978).

Erziehung. Was den Einfluss der Eltern anbelangt, so geben klassische Studien Hinweise darauf, dass akzeptierendes Verhalten mit klaren Regeln, das Berücksichtigen der Perspektive des Kindes bei elterlichen Entscheidungen und der Verzicht auf körperliche Bestrafung die Entwicklung hoher Selbstwertschätzung bei Kindern fördern (Coopersmith, 1967).

Erfolge, Rückmeldungen und Vergleiche

Gespeist wird die sich entwickelnde Selbstwertschätzung durch Erfolge, Rückmeldungen und Vergleiche. Wenn es gelingt, einen Ball zu fangen, oder Eltern sagen „Das hast du gut gemacht", wirkt das positiv auf die Selbstwahrnehmung zurück.

Ab dem Kindergartenalter wird auch der Vergleich mit anderen bedeutsam (Butler, 1998). Soziale Vergleiche werden nun zur Quelle der Selbstbewertung. Kinder ab etwa vier Jahren schätzen ihre Fähigkeiten nach Durchführung einer Aufgabe besser ein, wenn sie vorher erfahren, dass ein gleich altes Kind bei der Aufgabenbearbeitung nicht erfolgreich war. Zur Vorhersage eigener Leistungen werden soziale Vergleiche dann etwa ab dem Alter von acht Jahren genutzt (Ruble et al., 1980).

 Soziale Vergleiche ermöglichen die Beurteilung der eigenen Leistung und die Abschätzung zukünftiger Ergebnisse.

Wenn der Vergleich ungünstig ausfällt. Soziale Vergleiche können, wenn sie ungünstig ausfallen, auch selbstwertbelastend wirken. Das gilt im Verlauf der Schulzeit in zunehmendem Maße. Ein dramatischer Einschnitt ist oft der Wechsel in eine höhere Schule, weil sich dabei die Vergleichsgruppe ändert. Ein Kind, das in der Grundschule zu den leistungsbesten zählte, ist im Gymnasium oft plötzlich eines unter vielen leistungsstarken Kindern. Hier zeigt sich der „Große Fisch in kleinem Teich"-Effekt: Nicht die objektiven, sondern relativen Fähigkeiten oder Eigenschaften bestimmen den Selbstwert (vgl. Kap. 2.2). In Zusamenhang mit den Ergebnissen der PISA-Studie wurde als Vorteil des skandinavischen Schulsystems diskutiert, dass Kinder mit unterschiedlichen Leistungsniveaus in größerem Umfang und länger gemeinsam unterrichtet werden, wodurch das oben genannte Phänomen nicht auftritt.

Soziale Vergleiche werden auch zwischen den Fächern vorgenommen. Dabei ordnen Kinder und Lehrpersonen sich häufig als „entweder – oder" ein: hier die sprachlich Begabten, dort die mathematisch Begabten (Marsh, 1986).

 Ein Umbruch in der Selbstwertschätzung erfolgt häufig bei Übergängen in neue Lebensphasen.

Wichtigkeit von Leistungsbereichen. Wie bedeutsam die Bewertung einzelner Selbstkonzeptbereiche ist, zeigen Untersuchungen von Harter (1993) an der University of Denver in Colorado. Kinder, die sich in verschiedenen Bereichen (unter anderem Schule, Sport, Aussehen, Beliebtheit) ähnlich einschätzen, haben dennoch sehr unterschiedliche Selbstbewertungen – wenn sie die Bedeutung der einzelnen Bereiche verschieden beurteilen. Wenn ein Kind sich als unsportlich einschätzt und Sport ihm nicht wichtig ist, dann schadet dies seinem Selbstwertgefühl nicht (vgl. Abb. 7).

Ursache oder Folge? Unklar bleibt bei diesen Studien allerdings, ob die allgemeine Selbstwertschätzung Ursache oder Folge der Tatsache ist, dass bestimmten Bereichen bestimmte Bedeutung zugeschrieben wird: Haben Menschen mit hoher

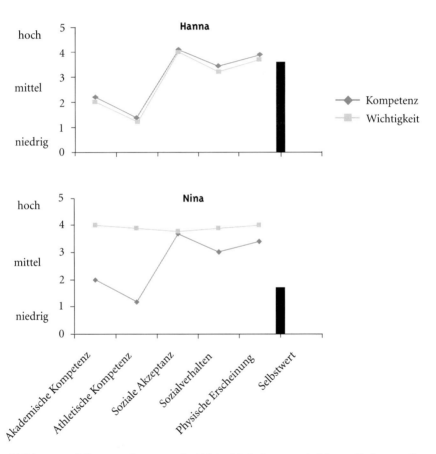

Abbildung 7. Selbstwertschätzungen in Abhängigkeit der zugeschriebenen Bedeutung (in Anlehnung an Harter, 1993). Nina schätzt alle Bereiche als sehr bedeutsam ein und ist folglich über ihre relativ geringen Kompetenzen im Bereich Sport und Schule sehr enttäuscht, was wiederum mit niedriger globaler Selbstwertschätzung verbunden ist. Hanna dagegen schätzt ihre Fähigkeiten ähnlich ein, findet jedoch die Bereiche, in denen sie weniger kompetent ist, nicht so wichtig. Ihre allgemeine Selbstwertschätzung ist hoch

Selbstwertschätzung deswegen so positive Einstellungen zu sich, weil sie über günstige Bewertungsmuster verfügen, oder bringt die positive Einstellung zu sich selbst sie dazu, Bereiche geringer Kompetenz abzuwerten?

Aus Optimisten werden Realisten

Die meisten kleinen Kinder haben im Kindergarten und Vorschulalter großes, oft fast unbegrenztes Vertrauen in die eigenen Fähigkeiten und überschätzen sich dabei mehr oder weniger stark. Nach Visé und Schneider (2000) beruht diese Überschätzung der eigenen Fähigkeiten im Vorschulalter einerseits auf Wunschdenken, andererseits auf noch mangelnder Fähigkeit, Realitäten korrekt einzuschätzen. Bei der Untersuchung von Vierjährigen zeigte sich, dass die Kinder sich durchaus an ihre letzten Leistungen erinnerten, sie nutzten diese aber nicht als Möglichkeit, zukünftige Leistungen vorherzusagen und überschätzten die Möglichkeit, ihre Leistung durch Anstrengung zu beeinflussen.

Einschulung. Die Einschulung stellt einen ersten großen Einschnitt in der Selbstwertschätzung dar. Im Verlauf der ersten Schulerfahrungen erlebt das Kind, dass es in vieler Hinsicht nicht so perfekt und großartig ist, wie es dachte. Es erlebt Rückschläge und Frustrationen, und die Selbsteinschätzungen werden im Verlauf der ersten Schuljahre gedämpfter (Helmke, 1999). Nach umfangreichen Studien zur Entwicklung des kindlichen Selbstvertrauens im Grundschulalter spricht Helmke von einer Entwicklung „vom Optimisten zum Realisten". In der ersten Klasse halten sich noch 60 Prozent der Kinder für die „Besten" – was faktisch nicht möglich ist. Diese Tendenz zur Selbstüberschätzung, die sich günstig oder ungünstig auswirken kann (vgl. Kap. 13), nimmt im Durchschnitt während der Grundschulzeit ab. Allerdings gibt es auch Kinder, deren Selbstwertschätzung in dieser Zeit zunimmt.

Die Frage, wie problematisch Selbstüberschätzungen sind, muss differenziert beantwortet werden, denn in Zusammenhang mit der Vorbereitung auf Prüfungen kann ein gewisser Optimismus entlastend und hilfreich sein, eine allzu unbekümmerte Haltung kann aber zu ungenügender Vorbereitung führen (Helmke, 1999; vgl. auch Schütz & Hoge, in Vorber.).

Viertes Schuljahr. Im Schnitt zeigt sich im vierten Schuljahr wiederum ein Anstieg des Selbstvertrauens (Cole et al., 2001). Unabhängig von der Höhe des Selbstvertrauens werden die Selbstbewertungen im Verlauf der Schulzeit stabiler. Während bei Kindergartenkindern noch starke Schwankungen zu beobachten sind, lassen sich ab der dritten bzw. vierten Klasse schon relativ stabile Selbsteinschätzungen feststellen (Asendorpf & van Aken, 1993). Das Selbstkonzept wird zunehmend differenzierter, und Teilbereiche werden deutlicher unterschieden, etwa: „Mathe kann ich gut, Sport weniger" (vgl. Marsh et al., 1991).

> **!** Im Schulkindalter entwickelt sich ein relativ stabiles Selbstkonzept, welches sich zunehmend ausdifferenziert.

7.4 Die Pubertät – Identitätssuche und Selbstzweifel

Ein weiterer gravierender Einschnitt, auch im Hinblick auf die Selbstwertschätzung, ist die Pubertät. Dieser Lebensabschnitt ist gekennzeichnet durch die Suche nach Identität sowie durch Selbstkritik und Selbstzweifel (vgl. Baumeister & Muraven, 1996). Allerdings sind hier bestimmte Einstellungen von Bedeutung.

Hunger nach Bestätigung. Harter et al. (1996) führten eine Untersuchung mit 147 Schülerinnen und Schülern der sechsten bis achten Klasse durch. Sie stellten bei denen, die ihre Selbstbewertung von der Anerkennung durch andere abhängig machten, problematische Reaktionsmuster fest. Sie achteten besonders auf negative Reaktionen anderer Personen und waren im Unterricht stark ablenkbar. Insgesamt wurden sie wenig akzeptiert und hatten geringe Selbstwertschätzung. Wechselwirkungen zwischen Abhängigkeit von anderen und geringer Selbstwertschätzung sind hier noch genauer zu untersuchen. Möglicherweise sind gerade Kinder, die im Elternhaus die Erfahrung kontingenter Wertschätzung machen (vgl. Kap. 4.2.5), besonders auf Anerkennung durch Gleichaltrige angewiesen.
Der Hunger nach Bestätigung führt dann zu besonders heftigem Werben um Sympathie (vgl. Kap. 11.5) und erweist sich als dysfunktional, weil er Ablehnung statt der erwünschten Anerkennung hervorruft.

Aussehen. Besondere Bedeutung bezüglich der Wahrnehmung der eigenen Person hat im Jugendalter das Aussehen. Forschungsergebnisse zeigen Zusammenhänge zwischen physischer Attraktivität, Wohlbefinden und Selbstwertschätzung. Allerdings ist es weniger die objektive als die subjektive physische Attraktivität, die hier eine entscheidende Rolle spielt (Jovanovic et al., 1989). Beobachterurteile und Selbsteinschätzungen stehen nur in schwachem Zusammenhang. Die Beziehung zwischen subjektivem Attraktivitätsurteil und allgemeiner Selbstbewertung ist durchgehend stärker als die Beziehung zwischen fremdeingeschätzter Attraktivität und allgemeiner Selbstwertung.

Geschlechterunterschiede. Insbesondere viele Mädchen sind mit dem eigenen Körper sehr unzufrieden. Sie meinen, sie müssten dünner oder weniger dünn, die Lippen müssten breiter oder schmaler, die Haare dünner oder dicker, heller oder dunkler sein. Wie Rosenblum und Lewis (1999) zeigten, nimmt die Unzufriedenheit mit dem eigenen Körper bei Mädchen zwischen 13 und 18 Jahren zu, bei Jungen dagegen ab. Weitgehend unabhängig davon, ob sie objektiv gut aussehen (vgl. Kap. 3.1.2), entwickeln Jugendliche also eine relativ stabile Einstellung zu ihrem Körper. Diese Einstellung ist hoch subjektiv – auch gut aussehende Mädchen sind häufig mit ihrem Äußeren sehr unzufrieden.

Essstörungen. Eine Befragung von 600 Mädchen im Alter von 15 bis 16 Jahren in Südengland zeigte, dass über die Hälfte sich zu dick fühlte und bereits Strategien zur Gewichtsreduktion versucht hatte (Button et al., 1997). Sowohl in den USA als auch in Georgien wurde bei Befragungen festgestellt, dass Mädchen und Frauen, deren Selbstwertschätzung in besonders starkem Maße auf ihrem Aussehen basiert (vgl. Kap. 8), häufig Symptome von Essstörungen zeigten (Geller et al., 2000; Tchanturia et al., 2002). In Georgien war allerdings das Ausmaß, in dem Frauen insgesamt ihre Selbstwertschätzung von ihrem Gewicht und ihrem körperlichen Aussehen abhängig machten, geringer als in westlichen Kulturen.

Obgleich viele Jugendliche unter Selbstzweifeln leiden, gibt es auch diejenigen, deren Selbstwertschätzung im Laufe der Jugendzeit steigt. Zu beachten sind in diesem Zusammenhang auch geschlechtstypische Effekte (vgl. Kap. 8). Baldwin und Hoffmann (2002) stellen in einer differenzierten Analyse bei Mädchen ab dem 12. Lebensjahr ein durchschnittliches Absinken der Selbstwertschätzung fest, die mit 17 Jahren ihren Tiefpunkt erreicht und dann wieder ansteigt. Bei Jungen sind geringere Schwankungen zu beobachten: ein Anstieg zwischen 12 und 14 Jahren, ein leichtes Absinken zwischen 14 und 16 Jahren mit dann wieder folgendem leichtem Anstieg.

 In der Pubertät ist die Selbstwertschätzung stark den gesellschaftlichen Stereotypen von Mann und Frau unterworfen, wobei Schönheitsideale besonders bei Mädchen eine Bedrohung der Selbstwertschätzung darstellen.

7.5 Selbstwertschätzung im Erwachsenenalter

Nach der Pubertät stabilisiert sich im Erwachsenenalter die Selbstwertschätzung. Gravierende Ereignisse können allerdings auch dann die Selbstwertschätzung beeinträchtigen. Dazu gehören traumatische Erfahrungen – etwa Opfer einer Gewalttat geworden zu sein (Bittenbinder, 1999). Auch Lebenseinschnitte wie Verlust des Arbeitsplatzes, Verrentung, Trennung vom Partner oder Sinnkrisen sind hier zu nennen. Neben der viel diskutierten Krise in der Lebensmitte (Midlife-Crisis) wird in jüngster Zeit auch eine so genannte „Quarterlife-Crisis" diskutiert, in der man nach Sinn sucht und sich fragt, ob man das erreicht hat, woraufhin man sich in Jugend und jungem Erwachsenenalter orientiert hatte.

Partnerschaft und Attraktivität

Insbesondere Partnerschaft und der Bereich „Aussehen und körperliches Befinden" gelten als wichtige Säulen der Selbstwertschätzung im Erwachsenenalter. Menschen, die in einer stabilen Partnerschaft leben, weisen auch eine höhere Selbstwertschätzung auf als solche, die keinen festen Partner haben (Macdonald et al., 1987).

Daneben gilt ganz im Sinne klassischer Weisheit, dass körperbezogene Befindlichkeit mit allgemeiner Selbstbewertung einhergeht. In Australien befragten Paxton und Phytian (1999) über 250 Männer und Frauen zwischen 40 und 79 Jahren. Bei Frauen war die Selbstwertschätzung verbunden mit dem Body-Mass-Index sowie der subjektiven Bewertung ihres Aussehens, ihrer Gesundheit und Fitness. In Übereinstimmung mit Geschlechtsrollenstereotypen, nach denen Aussehen für Frauen wichtiger als für Männer sei, erwiesen sich bei Männern lediglich die Bewertung der eigenen Gesundheit und der eigenen Fitness als relevante Prädiktoren bei der Selbstwertschätzung. Im Schnitt bewerteten Frauen sowohl Aussehen als auch Gesundheit als bedeutsamer und waren mit ihrem Gewicht weniger zufrieden als Männer. Bei beiden Geschlechtern nahm die wahrgenommene Bedeutung des Aussehens mit zunehmendem Lebensalter ab.

Wenn Männer altern. Die Einstellung zum eigenen Körper erwies sich bei Frauen in höherem Lebensalter als stabil, bei Männern als weniger stabil. Außerdem zeigte sich, dass sich Männer mit zunehmendem Alter hinsichtlich ihres Körpers negativer beurteilten als Frauen. Interessant ist, dass im mittleren und höheren Erwachsenenalter die allgemeine Selbstwertschätzung der Frauen mit dem Älterwerden leicht zunahm, die der Männer dagegen leicht abnahm.

Beruflicher und zwischenmenschlicher Erfolg

Berufliche Erfolge können die Selbstwertschätzung steigern, und der Verlust des Arbeitsplatzes kann zu Einbußen bei der Selbstwertschätzung führen (Thomsen & Grau, 1987). In Finnland wurden 457 Angestellte in den Jahren 1999 und 2000 befragt. Dabei standen arbeitsplatzbezogene und selbstbezogene Einstellungen im Mittelpunkt. Die Ergebnisse weisen auf die große Bedeutung beruflicher Aspekte für die Selbstwertschätzung hin. Insbesondere stand dabei niedrige Selbstwertschätzung mit erlebter beruflicher Unsicherheit in Wechselwirkung (Kinnunen et al., 2003).

Verliebtsein. Positive zwischenmenschliche Erlebnisse können zu Selbstwerterhöhungen führen. Wenn man sich verliebt, führt das dazu, dass man sich sprichwörtlich wie im „siebenten Himmel" fühlt und die Selbstwertschätzung gestärkt wird (Aron et al., 1995). Verliebt sein und Resonanz zu erfahren, ist in gewisser Weise ein „Erfolgserlebnis".

Auch Erfolgserlebnisse anderer Art können zur Hebung des Selbstwertes führen, Krisen und Belastungen hingegen zur Senkung. Im Rahmen einer Studie zu Belastungen in Familien (Laux & Schütz, 1996) berichteten Teilnehmerinnen über Veränderungen in ihrer Selbstwahrnehmung, die in Zusammenhang mit Ausstieg aus dem Beruf und der Übernahme von Familienaufgaben entstanden. Bei vielen von ihnen bewirkte das Fehlen von Erfolgserlebnissen im Beruf einen sehr starken Einbruch ihrer Selbstwertschätzung.

Der alternde Mensch. Typisch für alternde Menschen ist, dass sie sich bei ihren Selbstbeschreibungen viel stärker als bei jüngeren Menschen auf die Vergangenheit beziehen („Früher war ich der beste Schwimmer im Ort"). Darüber hinaus kommt es ihnen stärker darauf an, die Selbstwertschätzung angesichts von Verlusterlebnissen aufrechtzuerhalten, z. B. versuchen sie die Einschränkung von körperlichen Fähigkeiten durch alternative Aktivitäten auszugleichen (Freund, 2000).

 Im Erwachsenenalter wird die Selbstwertschätzung insbesondere durch Erfolge und Misserfolge im Familien- und Berufsleben sowie durch körperbezogene Befindlichkeit beeinflusst.

8 Geschlechterunterschiede und Selbstwertschätzung

Was Sie in diesem Kapitel erwartet

Eine Vielzahl von Untersuchungen hat Geschlechterunterschiede im Hinblick auf Selbstwertschätzung geprüft. Häufig wurde dabei festgestellt, dass Männer im Fragebogen höhere Selbstwertschätzung erzielten als Frauen. Kling et al. (1999) prüften mittels Metaanalyse auf der Basis von Untersuchungen mit 97.000 Personen, inwieweit sich insgesamt Geschlechterunterschiede in der Selbstwertschätzung feststellen lassen. Über alle Studien hinweg zeigt sich zwar ein kleiner, aber statistisch bedeutsamer Effekt: Männer bewerten sich im Schnitt etwas positiver als Frauen. Besonders deutlich sind die Unterschiede im späten Jugendalter.

8.1 Selbstwertentwicklung bei Jungen und Mädchen

Der Unterschied zwischen den Geschlechtern im Hinblick auf das Selbstwertniveau ist ab dem Grundschulalter zugunsten der Jungen noch klein, wird aber in der späten Kindheit und besonders im Jugendalter deutlicher (Kling et al., 1999). Viele Studien haben gezeigt, dass bei Jungen im Jugendalter die Selbstwertschätzung häufig steigt, bei Mädchen hingegen fällt (Baldwin & Hoffmann, 2002).

Sieht man sich die verschiedenen Altersgruppen im Detail an, so sind die Unterschiede in der Selbstwertschätzung bei Sieben- bis Zehnjährigen relativ klein, steigen dann in der Altersgruppe von 11 bis 14, sind besonders groß in der Gruppe von 15 bis 18 und sinken dann wieder ab. Statistisch bedeutsam sind sie nur in den Altersgruppen von 11 bis 22.

 Die Selbstwertschätzung von Mädchen und Jungen unterscheidet sich besonders im Alter zwischen 11 und 22 Jahren.

Ursachen für die Unterschiede. Eine mögliche Ursache für die besonders deutlichen Unterschiede im Jugendalter könnte sein, dass Mädchen mehr Wert auf ihr Äußeres legen und zugleich häufiger mit ihrem Körper unzufrieden sind als Jungen (vgl. Thornton & Maurice, 1997). Zudem entspricht die für die Pubertät

typische Zunahme an Muskelmasse bei Jungen dem männlichen Schönheitsideal, die bei Mädchen typische Bildung von Fett im Hüftbereich passt dagegen
nicht zum gegenwärtigen weiblichen Schönheitsideal und kann für Mädchen
selbstwertbelastend sein.

Erklärungen dafür, dass im Erwachsenenalter die Selbstwertunterschiede geringer werden, beziehen sich ebenfalls auf die relative Bedeutung wahrgenom-
mener physischer Attraktivität für die Gesamt-Selbstwertschätzung. In jungen
Jahren ist das Aussehen für Frauen eine weitaus bedeutsamere Selbstwertquelle
als später im Leben, wenn andere Faktoren an Gewicht gewinnen (vgl. Pliner
et al., 1990).

8.2 Nutzung sozialer Vergleiche: Wer kann es besser?

Selbstwertschätzung kann auf verschiedenen Quellen beruhen (vgl. Kap. 2.2).
Unter anderem können soziale Vergleiche zur Selbstaufwertung genutzt werden.
Diese Strategie hat für die Geschlechter aber anscheinend unterschiedliche Bedeutung. Festgestellt wurde, dass Jungen stärker an sozialen Vergleichen interessiert sind als Mädchen (Keil et al., 1990).

Zweck des Vergleichs. Der motivationale Hintergrund sozialer Vergleiche ist
dabei bei Jungen und Mädchen offensichtlich verschieden. In einer Studie von
Butler (1998) nutzten Mädchen Informationen aus sozialen Vergleichen vor
allem dazu, um Informationen über Aufgaben zu erschließen („Wenn Frieda, die
in Algebra Klassenbeste ist, dieses Problem nicht lösen kann, sind dazu wahrscheinlich andere als rechnerische Fähigkeiten erforderlich"). Für Jungen sind
soziale Vergleiche anscheinend vor allem eine Möglichkeit zur Selbstaufwertung
(„Max hat weniger Aufgaben gelöst als ich – ich bin gut!"). Soziale Vergleiche
dienen Mädchen insofern eher der Informationsmaximierung, Jungen eher der
Regulation von Wohlbefinden und Selbstwert (Blanton, 2001).

 Sozialer Vergleich dient Mädchen in starkem Maße der Gewinnung von
Informationen, Jungen der Stärkung des Selbstwertes.

8.3 Strategien der Erklärung von Misserfolgen

Auch im Hinblick auf den Umgang mit Misserfolgen wurden geschlechtstypische
Unterschiede festgestellt. Unterschiedlich ist vor allem, inwieweit Misserfolge in

selbstwertdienlicher Weise erklärt werden – also etwa auf ungünstige Umstände, und nicht auf fehlende Fähigkeiten zurückgeführt werden. Die typischen hier beobachteten Geschlechterunterschiede charakterisieren Burgner und Hewstone (1993) mit den Begriffen „self-enhancing boys" und „self-derogating girls". Je 20 Mädchen und Jungen im Alter von etwa 5 Jahren wurden in dieser Untersuchung mit einer leichten Aufgabe (kleines Puzzle zusammensetzen) und einer schwierigen Aufgabe (eine Schlinge an einem Draht entlang führen, ohne diesen zu berühren) konfrontiert. Anschließend wurden sie gefragt, wie sie sich ihren Erfolg und Misserfolg erklären. Es zeigte sich, dass Mädchen die Gründe sowohl für Erfolg als auch Misserfolg innerhalb ihrer Person sahen, also ihre Arbeitsergebnisse internal attribuierten, z. B. „Ich weiß (weiß nicht), wie das geht". Jungen aber attribuierten nur bei Erfolg internal, bei Misserfolg zogen sie externale Gründe heran, z. B. „Die Aufgabe ist schwierig".

DEFINITION

Self-derogating girls: Erfolg und Misserfolg werden internal attribuiert.

Self-enhancing boys: Erfolg wird internal, Misserfolg external attribuiert.

Rückschlüsse auf die eigene Person und eigene Fähigkeiten ergeben sich im Fall internaler („Ich habe die Prüfung bestanden, weil ich intelligent bin"), nicht aber externaler Attributionen („Ich habe die Prüfung bestanden, weil mir einfache Fragen gestellt wurden"). Entsprechend der gewählten Attributionsmuster wirkte Erfolg bei Jungen und Mädchen selbstwertstärkend, Misserfolg aber bei Mädchen häufiger als bei Jungen selbstwertbeeinträchtigend. Durch derartige Attributionsstile können sich Selbstwertdifferenzen entwickeln und verfestigen. Zahlreiche Untersuchungsergebnisse zeigen, dass Mädchen Erfolge nur in geringem Maße auf ihre Fähigkeiten zurückführen. Stetsenko et al. (2000) beobachteten entsprechendes Verhalten bei Kindern auch über verschiedene Kulturen hinweg.

8.4 Gesellschaftliche Bewertungen „weiblicher" und „männlicher" Eigenschaften

Männern und Frauen werden unterschiedliche typische Eigenschaften zugeschrieben. In den meisten Kulturen gelten Männer als primär stark, dominant, unternehmungslustig und unabhängig, Frauen dagegen primär als gefühlsbetont, unterwürfig und abergläubisch (Williams & Best, 1982).

Bezüglich der Bewertung dieser Eigenschaften scheint eine Unterscheidung verschiedener Ebenen wichtig. Wie Langford und Mackinnon (2000) zeigen, werden traditionell männliche Eigenschaften zwar in Bezug auf die Dimension Macht höher eingestuft, weibliche Eigenschaften aber als angenehm bewertet. Damit deutet sich möglicherweise eine ambivalente Sicht traditionell weiblicher Eigenschaften an: Sie sind ehrenhaft, bringen aber die betreffende Person in Bezug auf eine gesellschaftliche Stellung nicht voran.

Traditionell werden Männern eher instrumentelle Eigenschaften, Frauen eher expressive Eigenschaften zugeschrieben.

▸ Instrumentelle Eigenschaften: durchsetzungsfähig, autonom, aggressiv.
▸ Expressive Eigenschaften: einfühlsam, fürsorglich, herzlich.

In der geschlechtstypischen Selbstwahrnehmung haben sich in den letzten Jahrzehnten aber große Veränderungen ergeben. Nach einer Untersuchung mit amerikanischen Studierenden schreiben sich junge Frauen in jüngster Zeit vermehrt instrumentelle Eigenschaften zu. Die Selbstwahrnehmung von Männern hat sich trotz Diskussionen um „neue Männer" („Softies") anscheinend kaum in Richtung Expressivität verändert (Spence & Buckner, 2000).

Bedeutung instrumenteller Eigenschaften. Die gesellschaftliche Bewertung vermuteter und tatsächlicher geschlechtstypischer Eigenschaften hat Einfluss auf die Selbstbewertung. Für Frauen ist es in einer männlich dominierten Gesellschaft schwierig, typisch männliche Eigenschaften abzuwerten, weil diese insgesamt gesellschaftlich hoch im Kurs stehen. Deshalb können Männer die Tatsache, dass sie nicht über typisch weibliche Eigenschaften verfügen, leicht als „unbedeutend" abtun. Bei Frauen kann das Nichtverfügen über typisch männliche Eigenschaften wie Durchsetzungsfähigkeit, Rationalität etc. selbstwertbedrohend sein. Diese These wird auch durch ein Ergebnis von Macdonald et al. (1987) gestützt, wonach bei Frauen das Verfügen über beide, expressive wie instrumentelle Eigenschaften mit erhöhter Selbstwertschätzung verbunden ist, während expressive Eigenschaften für die Selbstbewertung von Männern unbedeutend sind.

8.5 Quellen der Selbstbewertung und Selbstkonstruktion

Bezogen auf die Quellen der Selbstwertschätzung ist zu berücksichtigen, dass diese bei Jungen und Mädchen bzw. Männern und Frauen unterschiedlich sind. Frauen beziehen ihren Selbstwert mehr aus dem sozialen Eingebundensein, Männer mehr aus individueller Leistung (vgl. Cross & Madson, 1997; Josephs et al., 1992).

Ähnlich wie im Kulturvergleich (vgl. Kap. 9) gibt es auch bei den Geschlechtern verschiedene typische Arten der Selbstkonstruktion. Innerhalb der westlichen Kulturen neigen Männer eher zu einem unabhängigen Selbstkonzept, Frauen eher zu einem beziehungsgebundenen (interdependentem). Frauen sehen sich also stärker als Männer eingebunden in Beziehungen und Kontakte. Dieses Eingebundensein ist für ihr Selbstkonzept und ihre Selbstbewertung von großer Bedeutung.

Selbstkonzept und Selbstwertsteigerung

Wenn jeweils selbstkonzeptkongruentes Wissen im Gedächtnis aktiviert wird, führt das zu einer Selbstwertsteigerung. In einem Experiment wurden die Teilnehmerinnen und Teilnehmer in einer Versuchsbedingung gebeten, aufzuschreiben, inwieweit sie sich von ihren Freunden und Familienmitgliedern unterscheiden, in der anderen Versuchsbedingung, inwieweit sie ihnen ähnlich sind (Hannover et al., 2003). Erwartungsgemäß zeigte sich bei Menschen mit beziehungsgebundenen Selbstkonzept eine Selbstwertsteigerung nach Fokussierung auf Gemeinsamkeiten mit „bedeutsamen anderen", bei Menschen mit unabhängigem Selbstkonzept aber nach Betonung von Unterschieden zu diesen.

Relationale Selbstkonstruktion. Bei vielen Frauen (und manchen Männern) ist das Selbst durch enge Beziehungen zu anderen definiert. Cross et al. (2000) stellen einer unabhängigen Art der Selbstkonstruktion eine relationale gegenüber. Menschen mit unabhängigem Selbstkonzept sehen sich als eigenständig und unabhängig, bei Menschen mit relationalem Selbstkonzept sind wichtige Beziehungen jedoch essentieller Bestandteil der Selbstdefinition. Cross stellt fest, dass Personen mit stark relationalem Selbstkonzept nach eigenem Bekunden ihre Beziehungen besonders wichtig nehmen, sich gut in andere einfühlen können und die Bedürfnisse anderer stärker berücksichtigen, wenn sie Entscheidungen treffen (Cross et al., 2000; Cross & Morris, 2003). Ein weiterer Befund ist, dass Personen mit stark relationalem Selbstkonzept auch von ihrem Gegenüber als sozial orientiert eingeschätzt werden: Ihnen wird rückgemeldet, dass sie besonders empfänglich für die Wünsche und Bedürfnisse anderer seien.

Baumeister und Sommer (1997) argumentieren allerdings, dass auch für Männer die Einbindung in soziale Beziehungen sehr bedeutsam sei, jedoch häufiger auf abstrakterer Ebene als bei Frauen. So seien Männer ebenfalls eingebunden – aber weniger im zwischenmenschlichen Nahraum als auf höherer, gesellschaftlicher Ebene, z. B. in Form von Engagement in einer Partei oder einem Verein.

Wenn Fragebögen einseitig messen

Die Vorstellungen von beziehungsgebundener und unabhängiger Selbstkonstruktion wurden von Pöhlmann et al. (2002) auch auf die Frage der Selbstwertmessung angewandt. Sie argumentieren, dass die üblicherweise verwendeten Selbstwertskalen auf unabhängige Selbstwahrnehmung orientiert sind, da sie vor allem auf individuelle Leistungen und Besonderheiten abzielen (vgl. Kap. 1.4). Auch Skalen zur „sozialen Selbstwertschätzung" beziehen sich eher auf Fähigkeiten im Umgang mit anderen, weniger auf Verbundenheit mit anderen. Betont werden unabhängige Formen positiver Selbstbewertung: kompetent sein, besser als andere sein. Ungenügend wird erfasst, ob jemand zufrieden und stolz aufgrund glücklicher Beziehungen ist.

Gültigkeit der Messungen. Wenn Männer nun höhere Werte auf diesen Skalen erzielen als Frauen, muss das nicht notwendigerweise heißen, dass Frauen mit sich weniger zufrieden sind. Es ist möglich, dass Männer und Frauen sich weniger in der Höhe ihrer Selbstwertschätzung unterscheiden, sondern eher in der Art und Weise, wie sie diese konstruieren bzw. was deren Quellen sind (vgl. Pöhlmann et al., 2002). Niedrige Werte in den klassischen Skalen bei Frauen können daher irrtümlich als Hinweis auf niedrige Selbstwertschätzung interpretiert werden, obwohl sie eher ein Hinweis darauf sind, dass der Selbstwert auf einer anderen Basis steht.

Die Selbstwertschätzung von Frauen ist möglicherweise höher als bisher in Untersuchungen festgestellt wurde, denn Fragebögen lassen die für Frauen wichtige Selbstwertquelle „Eingebundensein" außer Acht.

9 Kultur und Selbstwertschätzung

Was Sie in diesem Kapitel erwartet

Kulturvergleichende Untersuchungen zeigen, dass die Art und Weise, wie Menschen sich sehen und bewerten, in den verschiedenen Kulturen sehr unterschiedlich ist. Besonders deutliche Kontraste werden zwischen asiatischen Kulturen und den westlichen Industrienationen festgestellt. Das zeigt sich beispielsweise in Sprichwörtern. Im asiatischen Raum sagt man: „Der Nagel, der heraussteht, wird heruntergeklopft"; d. h., es wird negativ gesehen und bestraft („heruntergeklopft"), wenn der Einzelne auffällt. In den westlichen Industriekulturen heißt es: „Das Rad, das quietscht, bekommt das Öl"; hier wird Hervortreten aus der Gruppe honoriert („bekommt Öl").

9.1 Selbstkonstruktion in östlichen und westlichen Kulturen

Seit einigen Jahrzehnten wird verstärkt darauf hingewiesen, dass Menschen aus westlichen und östlichen Kulturen unterschiedliche Selbstkonzepte aufweisen. In westlichen Kulturen (Nordamerika, Nord- und Westeuropa, Australien) dominieren individualistische Vorstellungen. Freiheit, Erfolg, Unabhängigkeit und Aktivität sind wichtige Werte. In östlichen Kulturen (Asien, Afrika, Süd- und Osteuropa, Südamerika) dominieren eher kollektivistische Vorstellungen. Kulturelle Ideale beinhalten Kooperation, Zusammenhalt, Harmonie und Verantwortung gegenüber der Gruppe.

DEFINITION

Kollektivismus: Sich einfügen in die Gruppe.

Individualismus: Sich abheben von der Gruppe.

Unterschiedliche Selbstkonzepte

Menschen aus individualistischen und kollektivistischen Kulturen unterscheiden sich in der Konzeption des Selbst. In individualistischen Kulturen ist es wichtig, einzigartig, unabhängig, aktiv und erfolgreich zu sein. In kollektivistischen Kulturen ist es wichtig, Erwartungen von Bezugspersonen zu erfüllen sowie Harmonie und Freundschaft zu bewahren (Markus & Kitayama, 1991; Triandis, 1988, 1989).

Independenz und Interdependenz. Typisch für den asiatischen Kulturkreis sind so genannte interdependente (beziehungsgebundene) Selbstkonzepte. Dabei definieren sich Menschen als Teil einer Gruppe und beurteilen sich im Hinblick darauf, wie gut sie ihre Funktion in der Gruppe erfüllen. Typisch für westliche Kulturen ist ein independentes (unabhängiges) Selbstkonzept, welches individuelle Erfolge und die Andersartigkeit der eigenen Person betont. Man will etwas Besonderes sein.

Eine Person mit beziehungsgebundenem Selbstkonzept ist stolz, wenn eine Gruppe, in der sie arbeitet, gut abschneidet und sie sich in die Vorgaben der Gruppe einfügt ohne aufzufallen oder andere in den Schatten zu stellen. Eine Person mit unabhängigem Selbstkonzept aber ist dann besonders stolz, wenn sie sich von ihrer Gruppe abhebt und als Individuum im Vordergrund steht.

9.2 Ethnische Herkunft und Selbstwert

In den USA haben zahlreiche Forscher untersucht, ob sich Selbstwertunterschiede zwischen den verschiedenen ethnischen Gruppen feststellen lassen. Mehrfach wurde berichtet, dass Schwarze zwar niedrigere Werte in Selbstwertskalen erreichen als Weiße, aber höhere Werte als Personen lateinamerikanischer oder asiatischer Herkunft. Auf der Basis einer umfangreichen Datenanalyse kommen Twenge und Crocker (2002) zu dem Schluss, dass diese Unterschiede vor allem mit unterschiedlichen Selbstkonstruktionen in Zusammenhang stehen. Gruppen, die besonders individualistische Vorstellungen pflegen, schneiden in ihrer Selbstwertschätzung höher ab als solche, denen eher kollektivistische Vorstellungen zu Eigen sind.

Dieses Ergebnis weist darauf hin, dass herkömmliche Fragebögen zur Selbstwertschätzung nur eine bestimmte Form des Selbstwertes erfassen. Um Zufriedenheit mit sich selbst auch im Kontext kollektivistischen Denkens angemessen erfassen zu können, sind aber andere Verfahren notwendig, bei denen Verbundensein mehr als Autonomie betont wird (vgl. Kap. 8.5).

Messung von Selbstkonstruktionen
Wie kann man unabhängige und beziehungsgebundene Selbstkonstruktionen unterscheiden? Singelis hat dazu 1994 einen Fragebogen vorgestellt, der Personen als independent bzw. interdependent klassifiziert. Der Fragebogen enthält entsprechende Aussagen, denen die Probanden zustimmen bzw. nicht zustimmen.

Beispielaussagen zu independentem und interdependentem Selbstkonzept (nach Singelis, 1994)

Independentes (unabhängiges) Selbstkonzept:	▶ „Ich würde eher nein sagen, als zu riskieren, dass ich falsch verstanden werde." ▶ „Ich fühle mich wohl, wenn ich öffentlich gelobt oder ausgezeichnet werde." ▶ „Ich genieße es, anders als andere zu sein und in vielerlei Hinsicht einzigartig."
Interdependentes (beziehungs-gebundenes) Selbstkonzept:	▶ „Es ist mir sehr wichtig, Harmonie mit meiner Bezugsgruppe zu haben." ▶ „Wie zufrieden ich selbst bin, hängt davon ab, wie zufrieden die Menschen um mich herum sind." ▶ „Oft habe ich das Gefühl, dass meine Beziehungen mit anderen mir wichtiger sind als meine eigenen Erfolge."

9.3 Was ist wichtiger: das Erreichte oder das (noch) nicht Erreichte?

Viele Situationen können unterschiedlich beurteilt werden, je nachdem, in welchem Bezugsrahmen sie interpretiert werden. Klassisches Beispiel ist das Glas Wasser, das halb voll oder aber halb leer ist.

BEISPIEL

Eine Frau, die aus Asien in die USA eingewandert ist, sagt: „Meine Tochter fühlt sich hier sehr wohl. Wenn sie in Hongkong im Diktat neun von zehn Punkten hatte, hat die Lehrerin sie dafür kritisiert, dass ihr ein Punkt fehlt. Hier lobt der Lehrer sie dafür, dass sie neun Punkte richtig hat. Das System ist unterschiedlich. Einmal wird Aufmerksamkeit darauf gerichtet, was jemand nicht weiß, einmal darauf, was jemand weiß." (Vgl. Lee et al., 2000)

Individuelles oder kollektives Gewinnen?

An der Northwestern University in Illinois wurde von Lee et al. (2000) eine Untersuchung mit vorgestellten Szenarien durchgeführt, um die unterschiedliche Akzentuierung von Gewinnen und Verlusten in verschiedenen Kulturen zu untersuchen. Sie baten Studierende aus den USA und aus Hongkong, sich vorzustellen, dass sie an einem Tenniswettkampf teilnehmen würden und bis in die

Endrunde gekommen seien. Sie seien jeweils der Spieler ihres Teams, der den letzten Wettkampf austrägt. Bei der einen Hälfte der teilnehmenden Personen wurde gesagt: „Wenn Sie das letzte Spiel gewinnen, werden Sie den Meistertitel und einen großen Preis erhalten." Bei der anderen Hälfte wurde das Ziel etwas anders formuliert: „Wenn Sie dieses Spiel gewinnen, wird das Team den Meisterschaftstitel und einen großen Preis erhalten." In der ersten Untersuchungsbedingung geht es also um eine individuelle Herausforderung, in der anderen um die Herausforderung, für das eigene Team zu gewinnen.

Darüber hinaus wurde variiert, dass die Versuchsleiter diese Versionen je einem Teil der Versuchspersonen als Chance, dem anderen als Bedrohung präsentierten: „Wenn Sie dieses Spiel gewinnen, werden sie den Titel erhalten" bzw. „Wenn Sie das Spiel verlieren, werden sie den Titel nicht erhalten". Verglichen wurde, welchen Effekt die Formulierung als individuelles oder als kollektives Ziel sowie die Einordnung als Chance oder als Bedrohung hat.

Verantwortung gegenüber der Gruppe. Die Ergebnisse zeigen, dass in der amerikanischen Stichprobe die Ereignisse ganz anders beurteilt wurden als in der chinesischen. Chinesen schätzten das Teamspiel, das als Bedrohung formuliert war (gefährdet war also der Sieg des Teams), als besonders bedeutsam ein. Die Gefahr, dafür verantwortlich zu sein, dass dem Team der Preis entging, empfanden sie offensichtlich als besonders dramatisch – mehr als die Chance, dazu entscheidend beigetragen zu haben, dass die Trophäe an die eigene Mannschaft ging. Bei individuellen Spielen machte die Art der Formulierung keinen Unterschied. Anders bei den Amerikanern: Als Alleinspielende wurde von ihnen die Möglichkeit des Gewinnens als besonders bedeutsam eingeschätzt – wichtiger als die Gefahr des Verlustes. Beim Teamspiel war es dagegen umgekehrt. Hier wurde die Gefahr des Verlustes (wie auch bei den Chinesen) als besonders dramatisch gesehen. Offensichtlich wird auch hier die Verantwortung für die Gesamtgruppe als sehr bedeutsam erachtet – man möchte nicht derjenige sein, der „alles vermasselt".

9.4 Konflikte durch unterschiedliche Selbstkonstruktionen

Menschen mit unabhängiger Selbstkonstruktion nehmen das gute Abschneiden in Leistungstests oder die Überlegenheit über andere zum Anlass für positive Selbstbewertung (Hannover et al., 2000). Solche Ereignisse lassen ihre Selbstwertschätzung steigen. Anders ist das bei Personen mit beziehungsgebundenem Selbstkonzept. Sie erleben besonders starke Selbstwerterhöhung in Situationen, in denen sie Verbundenheit mit anderen erleben oder den Eindruck haben, dass sie die Gedanken anderer richtig erfasst haben – also in allen Situationen, in denen soziale Beziehungen, Einheit und Harmonie dominieren. Derartige kulturelle Unterschiede können zu Missverständnissen und Konflikten führen.

In Indien ist Harmonie wichtig. Die Zielsetzungen „besser sein" versus „in Harmonie sein" bringen in verschiedenen Situationen oft konträre Verhaltensweisen hervor. Beispielsweise wird aus deutsch-indischen Teams, die komplexe Aufgaben bearbeiteten, Entsprechendes berichtet (vgl. Strohschneider, 1999). Während es für Deutsche darauf ankam, die Aufgabe möglichst gut zu lösen (teils auch, um selbst „gut dazustehen"), stand für indische Teilnehmer das Klima im Team im Vordergrund. Für sie war es wichtiger, dass niemand durch Hinweise auf Fehler beschämt wurde. Notfalls nahmen sie dafür auch ein suboptimales Arbeitsergebnis in Kauf.

Prozessverlust-Hypothese. In der kulturvergleichenden Psychologie wird in diesem Zusammenhang von der Prozessverlust-Hypothese gesprochen (Harris & Nibler, 1998). Gruppen aus kollektivistischen Kulturen verwenden mehr Energie auf die Beziehungsgestaltung und benötigen daher unter anderem mehr Zeit, um Lösungen zu finden und erreichen häufiger Lösungen, die aus aufgabenbezogener Sicht als suboptimal zu bezeichnen sind (weil z. B. eher auf Harmonie in der Gruppe geachtet wurde). Gruppen aus individualistischen Kulturen wenden sich dagegen mit voller Energie der Aufgabe zu, wobei sozioemotionale Aspekte weniger Beachtung finden.

Konflikte. Wenn Menschen unterschiedlicher Kulturen zusammentreffen, kann es aufgrund solcher verschiedener Werthaltungen, z. B. bei Geschäftsverhandlungen, zu Konlikten kommen: Einer Person aus einer kollektivistischen Kultur erscheint das aufgabenorientierte Verhalten seines Gegenübers als zu distanziert oder unhöflich – dort geht man nicht gleich zur Arbeit über, sondern man lernt sich erst kennen, spricht über andere Dinge. Umgekehrt wird eine Person aus einer individualistischen Kultur ungeduldig, wenn sich der Gesprächspartner hinsichtlich der zu besprechenden Themen Zeit lässt, oder sie deutet die Langsamkeit gar als Desinteresse am Geschäft.

Praxisbezug. Solche kulturbedingten Missverständnisse können reduziert werden, wenn genügend Wissen über die jeweils andere Kultur gesammelt wird. Dies ist vor allem deswegen wichtig, da in einer Zeit der Globalisierung immer mehr Menschen aus unteschiedlichen Kulturkreisen aufeinander treffen und z. B. zusammenarbeiten.

9.5 Ist der Wunsch nach Selbstaufwertung universell?

Wenn Menschen sich auf verschiedene Art und Weise definieren und ihr Selbstwert von unterschiedlichen Kontingenzen abhängig ist, sollten auch Prozesse der Selbstaufwertung unterschiedlich sein. Heißt das nun, dass positive Selbstdarstellung und Selbstaufwertung nur in westlichen Kulturen eine Rolle spielen? Tendieren Menschen in kollektivistischen Kulturen aus Bescheidenheit zur negativen Selbstbeschreibung?

Lange wurde vermutet, dass Selbstaufwertung ein Merkmal westlicher Kulturen sei und in östlichen nicht existiere – tendieren doch Nordamerikaner dazu, im Gespräch eigene Stärken und Fähigkeiten zu betonen, wohingegen Japaner das vermeiden. Japaner betonen nicht ihre Stärken (weil es ihr Gegenüber möglicherweise blamieren würde), sie beschreiben sich vielmehr als „durchschnittlich" oder kritisieren sich sogar (vgl. Markus et al., 1996).

Erst kürzlich wiesen Sedikides et al. (2003) darauf hin, dass auch in östlichen Kulturen Tendenzen der Selbstaufwertung zu beobachten sind – sie verlaufen aber anders. Fragt man nicht direkt, sondern verwendet indirekte Methoden (z. B. über die Erfassung von Vorlieben für selbstbezogene Attribute, vgl. Kap. 1.5), so zeigt sich auch in östlichen Kulturen, dass das, was der eigenen Person nahe steht oder zu ihr gehört, positiver bewertet wird als anderes (Kitayama & Karasawa, 1997).

Sedikides et al. argumentieren, dass Selbstaufwertungstendenzen jeweils im Kontext dessen zu sehen sind, was in einer Kultur positiv bewertet wird: In der Tat konnten sie in einer Serie von Experimenten nachweisen, dass Menschen mit beziehungsgebundenen Selbstkonzepten sich bei sozialen Vergleichen auf gemeinschaftsbezogenen Dimensionen hoch positiv beschreiben, z. B. „Ich bin verträglicher als die meisten Mitglieder meiner Gruppe". Menschen mit unabhängigen Selbstkonzepten hingegen tendierten zur Selbstaufwertung auf instrumentellen Dimensionen, z. B. „Ich bin intelligenter als das durchschnittliche Gruppenmitglied" (vgl. Tab. 9).

Selbstaufwertung durch Selbstabwertung. Anscheinend besteht in beiden Kulturen der Wunsch zur Selbstaufwertung – Sedikides et al. (2003) sprechen von einem universellen Motiv der Selbstaufwertung. Es ist nicht so, dass wenn Menschen in kollektivistischen Kulturen sich bescheiden verhalten (sich negativ darstellen bzw. ihre Stärken nicht betonen), sich tatsächlich negativ darstellen wollen. Vielmehr stellen sie sich gerade mit diesem Verhalten positiv dar, denn dort gelten kollektivistische Verhaltensweisen: sich einfügen, ein wertvolles Mitglied der Gruppe sein, als positiv, nicht das Hervorstechen aus der Gruppe.

Tabelle 9. Verhaltensweisen und Eigenschaften im Individualismus und Kollektivismus (nach Sedikides et al., 2003). In Nordamerika, Westeuropa und Australien überwiegen individualistische, in Asien, Afrika, Süd- und Osteuropa sowie Südamerika kollektivistische Vorstellungen

Orientierung	Verhaltensweisen	Eigenschaften
Kollektivistisch	▶ „Ich verteidige grundsätzlich die Entscheidungen meiner Gruppe." ▶ „Ich tue alles für meine Gruppe." ▶ „Ich vermeide offene Konfrontation mit meiner Gruppe."	Kooperativ Loyal Respektvoll
Individualistisch	▶ „Ich verlasse eine Gruppe, wenn sie nicht mehr für meine Werte steht." ▶ „Ich widerspreche der Gruppe, wenn ich der Meinung bin, dass die Gruppe falsch liegt." ▶ „Ich vertraue eher meinem Instinkt als dem Instinkt der Gruppe."	Frei Unabhängig Einmalig

In asiatischen Kulturen mag man sich also auch anderen überlegen fühlen, aber auf anderen Dimensionen. Bescheidene Selbstbeschreibung ist typisch für die chinesische Kultur. Es entspricht also der Norm, sich bescheiden und selbstkritisch zu geben, was dazu führt, dass diejenigen, die sich besonders selbstkritisch und bescheiden geben, von anderen mehr gemocht und damit positiver eingeschätzt werden.

 Selbstaufwertung ist universell. Individualistische und kollektivistische Kulturen unterscheiden sich lediglich darin, dass sie sich auf anderen Dimensionen aufwerten.

10 Selbstwertschätzung und Auftreten gegenüber anderen

Was Sie in diesem Kapitel erwartet

Die Art und Weise, wie ein Mensch sich bewertet, hat Einfluss auf die Verarbeitung von Informationen (vgl. Kap. 4.2), aber auch darauf, wie er sich im Umgang mit anderen gibt. Bei der Selbstdarstellung geht es darum, dass beim Gegenüber mehr oder weniger bewusst ein bestimmter Eindruck erzielt wird: Man beeinflusst, wie man wahrgenommen wird (und folglich auch, wie man von anderen behandelt wird). Dabei spielt es eine Rolle, welche Wirkung eine Person bei anderen hinterlassen will, also welche Lebens- und Kompetenzbereiche ihr wichtig sind, und welche Strategien sie anwendet, um diesen Eindruck zu erzielen. Diese Motive und Strategien sowie der Zusammenhang zur Selbstwertschätzung werden in diesem Kapitel behandelt.

10.1 Stile der Selbstdarstellung: Chancen ergreifen oder Risiken vermeiden?

Wie sich Menschen anderen gegenüber präsentieren, kann bestimmten Stilen der Selbstdarstellung zugeordnet werden. Es wird zwischen einem akquisitiven und einem protektiven Stil unterschieden. Der akquisitive Stil bedeutet, Gewinne anzustreben, Erfolge zu erzielen, groß rauszukommen. Wenn beispielsweise Anna auf einer Party auf die Bühne springt und eine kleine witzige Einlage inszeniert, diese Einlage dann mit Applaus honoriert wird, erreicht sie einen Selbstdarstellungserfolg. Diese Art der Selbstdarstellung birgt aber auch ein Risiko: Der Scherz hätte schlecht ankommen können, manche Anwesende hätten diesen als unpassend erleben können. So ist die Chance, positiv wahrgenommen zu werden, oft mit dem Risiko verbunden, negativ aufzufallen.

Der protektive Stil beinhaltet, Misserfolge oder negative Ergebnisse zu verhindern. Auf einer Party würde das bedeuten, dass man Aufsehen vermeidet. Paula beispielsweise ist es auf dieser Party wichtig, nicht negativ aufzufallen: Sie steht am Rande, spricht nicht viel, lacht bei Witzen anderer mit und stimmt den Argumenten von Interaktionspartnern zu. Das hat wahrscheinlich zur Folge, dass sie gar nicht auffällt.

Beide Selbstdarstellungsstile können habituell sein, d. h., dass Menschen über viele Situationen hinweg zum einen oder anderen Stil der Selbstdarstellung neigen. Welcher Stil bevorzugt wird, hängt unter anderem mit der Selbstwertschätzung zusammen. Menschen mit hoher Selbstwertschätzung tendieren eher zum aquisitiven Selbstdarstellungsstil, Menschen mit niedriger Selbstwertschätzung eher zum protektiven (vgl. Arkin, 1981; Renner et al., 2003).

DEFINITION

Selbstdarstellung: Den Eindruck kontrollieren, den man auf andere macht.

Aquisitiver Stil der Selbstdarstellung: Im Vordergrund steht, Erfolge zu erzielen; das Risiko dabei ist, negativ aufzufallen.

Protektiver Stil der Selbstdarstellung: Im Vordergrund steht, Misserfolge zu vermeiden; das Risiko dabei ist, gar nicht aufzufallen.

Selbstdarstellung und Täuschung

Menschen ist es außerordentlich wichtig, von anderen positiv wahrgenommen zu werden. Um das zu erreichen, wird zuweilen auch nicht davor gescheut, großartige Leistungen vorzutäuschen. Das Risiko dabei ist, dass die Wahrheit ans Licht kommt und die Person in ihrem Ansehen schlechter dasteht als zuvor. Ein anderer Nachteil des Lügens ist, dass Schuldgefühle aufkommen können.

BEISPIEL

Clive White, ein unauffälliger Mann aus einfachen Verhältnissen mit großer Brille, wohnt in einer Kleinstadt, wo er als Melker arbeitet. Im Vergleich zu seinem Vater habe er es nicht weit gebracht: „Mein Vater hat es nie ausgesprochen, aber ich hatte immer den Eindruck, dass er mich wegen meines Berufs verachtet." Gemeinsam mit einem Teichbesitzer plant White dann einen Coup. An einem Tag im April legt er einen riesigen Fisch in einer Tüte versteckt ins Schilf. Als Spaziergänger sich nähern, lässt White den Fisch neben seiner Angelrute ins Gras gleiten. Der Fisch wird gemessen und gewogen: 16 Kilo. Es gibt einen Eintrag ins Guinness-Buch der Rekorde und Schlagzeilen in den Anglerzeitungen. Die Berühmtheit führt in den folgenden Jahren aber zu extremem Druck. White berichtet von starker Angst, dass die ganze Sache auffliegen könne – bis er eines Tages eine Anglerzeitung über die Lüge informiert. (Die ZEIT, 11. Dezember 2003, S. 53)

10.2 Direkte und indirekte Selbstdarstellung

Selbstdarstellung kann direkt oder indirekt sein. Direkte Selbstdarstellung bedeutet z. B., dass man auf eigene Vorzüge aufmerksam macht. Anna, die auf der Party eine Witzeinlage macht, zeigt durch ihren Auftritt ihre Eigenschaften Spontaneität und Unterhaltsamkeit. Eine derart direkte Strategie kann bei anderen gut ankommen, sie kann aber auch als Prahlerei interpretiert und negativ bewertet werden (Schlenker & Leary, 1982). Indirekte Strategien sind subtiler. Die eigene Person wird z. B. über die Beziehung zu anderen aufgewertet: „Ich habe interessante Freunde."

Direkte Selbstdarstellung: Eigene Vorzüge betonen.

Indirekte Selbstdarstellung: Sich über Beziehungen zu anderen positiv beschreiben.

Indirekte Strategie: kompetitiv oder assoziativ?

Die indirekte Strategie der Selbstaufwertung kann über eine Abgrenzung zu negativ bewerteten Personen erfolgen oder über die Herstellung einer Beziehung zu positiv bewerteten Personen. Im ersten Fall wäre das eine kompetitive Strategie, im zweiten Fall eine assoziative.

Die kompetitive Strategie beobachten wir z. B. im Wahlkampf, wenn Politiker ihre Gegner angreifen oder deren Schwächen betonen, um dadurch zu suggerieren, dass sie selber geeignetere Kandidaten sind. Assoziative Strategien liegen vor, wenn jemand berühmte Verwandte oder Bekannte erwähnt oder wenn Studierende (insbesondere in den USA) nach einem Erfolg ihres Collegeteams besonders häufig die T-Shirts ihrer Universität tragen und so Zugehörigkeit demonstrieren und am Ruhm partizipieren (vgl. Cialdini & Richardson, 1980).

Kompetitive Strategie der Selbstdarstellung: Sich von einer negativ bewerteten Person abgrenzen.

Assoziative Strategie der Selbstdarstellung: Eine Beziehung zu einer positiv bewerteten Person herstellen.

In einer eigenen Studie wurden indirekte Strategien der Selbstaufwertung bei jungen Akademikerinnen untersucht (Schütz & Tice, 1997). Wir baten die Teilnehmerinnen, sich selbst und ihre Partner zu beschreiben. In Abhängigkeit von der jeweiligen eigenen Selbstwertschätzung beobachteten wir unterschiedliche Strategien indirekter Selbstaufwertung. Typisch für Frauen mit relativ niedriger Selbstwertschätzung war eine assoziative Strategie. Sie werteten sich über die Verbindung mit dem Partner auf, nach dem Motto: „Ich bin toll, weil ich einen interessanten Freund habe." Frauen mit hoher Selbstwertschätzung verhielten sich im Gegensatz dazu häufig kompetitiv, nach dem Motto: „Mein Freund ist gut, aber ich bin besser" (vgl. dazu Schütz, 2003).

Selbstaufwertung durch Abwertung anderer

Die kompetitive Strategie der Selbstaufwertung beinhaltet auch das Kritisieren anderer. Durch die Kritik an anderen Personen oder Objekten erscheint die eigene Person einerseits als kompetent (als Kritiker hat sie offenbar Urteilsvermögen), andererseits im Vergleich zur abgewerteten Person als relativ vorteilhaft. Die Strategie der Selbstaufwertung durch Abwertung anderer wird insbesondere bei Personen mit hoher Selbstwertschätzung beobachtet.

In einer Studie zur Bewertung anderer sollten Psychologiestudierende im Grundstudium Videobänder beurteilen, in denen Studierende höherer Semester im Rollenspiel therapeutische Fähigkeiten erprobten (Schütz, 2003). Auf diesen Bändern waren einige offensichtliche Probleme und Fehler zu erkennen. Einige Personen äußerten sich eher moderat, andere waren überaus kritisch. Besonders Narzissten äußerten sich sogar aggressiv, z. B. „Der kann ja gleich aufhören zu studieren – der wird ja nie ein Therapeut." Negative Urteile waren auch typisch für Beurteiler mit hohem, aber instabilem Selbstwertgefühl. Personen, die sich zwar im Schnitt positiv beurteilten, deren Meinung von sich selbst aber starken Schwankungen unterworfen war, beurteilten andere besonders kritisch.

Risiken der Strategien. Kompetitive Strategie. Die Risiken aggressiver und kompetitiver Strategien liegen für den Akteur vor allem darin, dass er aufgrund dieser Strategien selbst negativ bewertet wird. Einen Gegner oder Konkurrenten anzugreifen, kann eine Möglichkeit sein, selbst – relativ gesehen – positiv zu wirken, kann aber auch dazu führen, selbst als aggressiv und unfair wahrgenommen zu werden. Diese Gefahr ist besonders hoch bei direkten und aggressiven Angriffen („Mein Konkurrent ist ein kompletter Versager und sollte zu Hause bei Mama bleiben"). Versteckte oder indirekte Abwertung anderer („Ich würde das im Sinne der Fairness anders machen") kann diese Folgen vermeiden, wenn sie von Beobachtern nicht durchschaut wird.

Protektive und assoziative Strategien bergen andere Risiken. Man will dabei vermeiden, Anstoß zu erregen und ist erfolgreich, wenn negative Eindrücke vermieden werden. Ist die Darstellung aber so unauffällig, dass auch keine positiven Eindrücke entstehen, bleibt der Akteur blass und farblos (Schütz, 1992).

Positive und negative Selbstbeschreibungen

Menschen können sich positiv darstellen, in dem sie sich ensprechend positiv beschreiben. Sie können sich aber auch positiv darstellen, indem sie dies gerade nicht tun, sich also bescheiden geben. Darüber hinaus können sie sich auch kritisieren, dann gelten sie nämlich als selbstkritisch.

Bescheidene Selbstbeschreibungen kommen beim Publikum positiv an. Dies gilt allerdings, wenn das Publikum bereits Vorinformationen über die Meriten eines Akteurs hat. Positive Selbstbeschreibung wird in einem solchen Fall leicht als übertrieben erlebt und erweckt eher den Eindruck von „Aufschneiderei". Sind beim Publikum aber nicht ausreichend positive Vorinformationen vorhanden und besteht auch nicht die Aussicht, dass solche bekannt werden, dann ist allzu bescheidene Selbstdarstellung riskant, weil Akteure eventuell unterschätzt werden. In einem Bewerbungsgespräch etwa kann allzu bescheidenes Auftreten verhindern, dass ein umfassender Eindruck aller Stärken eines Kandidaten entsteht (vgl. Schlenker & Leary, 1982; Schütz, 1998).

10.3 Kompetent oder sympathisch wirken?

BEISPIEL

Sharon Stone wird zitiert mit der Aussage: „Wer siegen will, darf nicht lieben" (SZ Magazin, 2.8.1996). Als wichtige Voraussetzungen für Erfolg bezeichnet sie: Strategien planen, Anwälte auswählen, Verträge abschließen, Macht organisieren. Kontrolle sei ihre größte Waffe. Nötigenfalls könne sie sich in einen Eisblock verwandeln.

Bei der Selbstdarstellung geht es dem einen mehr darum, sympathisch zu wirken, dem anderen ist es wichtiger, als kompetente Person wahrgenommen zu werden. Beide Ziele gleichermaßen zu realisieren, ist in vielen Situationen schwierig, weil der Eindruck von Sympathie oft auf Kosten von Kompetenz geht und umgekehrt. Menschen, die mit ihren Fähigkeiten beeindrucken, finden wir nicht unbedingt angenehm. Umgekehrt überzeugen uns Menschen, die wir als besonders nett, freundlich und liebenswürdig wahrnehmen, selten durch ihre Kompetenz.

Sympathisch und inkompetent. Folkes und Sears (1977) haben einen Aufsatz überschrieben mit „Does everybody like a liker?" Sie zeigen darin, dass Menschen, die vieles positiv bewerten, als angenehm wahrgenommen werden. Wenn jemand sagt: „Ich gehe gern zum Italiener essen, zum Griechen gehe ich aber auch gern, und die spanische Küche schmeckt mir auch", so scheint es einfach, sich mit dieser Person bezüglich der Wahl eines Restaurants zu einigen. Die Person wirkt somit kooperativ, flexibel und weltoffen. Wird allerdings angenommen, dass sich die Restaurants qualitativ unterscheiden, so wirkt die Haltung „alles mögen" eher inkompetent. Wenn eine Person sich sowohl für eine Partei als auch für die gegnerische Partei ausspricht oder sagt, sie möge sowohl lieblichen als auch trockenen Weißwein, entsteht leicht der Eindruck, dass sie nicht viel Ahnung hat.

Hart und kompetent. Das Dilemma wird aus anderer Perspektive auch in einem Aufsatz von Amabile (1983) auf den Punkt gebracht: „Brilliant but cruel". Darin wird gezeigt, dass Menschen, die sich kritisch äußern und andere negativ bewerten, oft als hoch kompetent, aber auch als hart und brutal eingestuft werden. Wer ein Musikstück, ein Buch oder auch ein Fußballspiel kritisch kommentiert, erweckt damit den Eindruck, Experte in der Materie zu sein und die kritisierte Tätigkeit vielleicht sogar besser zu beherrschen. Durch derartige Kritik macht man sich allerdings häufig nicht nur bei den Kritisierten unbeliebt, sondern gilt allgemein als Nörgler.

Gemocht oder geachtet werden? Die meisten Menschen wollen sowohl sympathisch als auch kompetent wirken. Da es in manchen Situationen schwierig ist, beides zu verwirklichen, stellt sich die Frage, wie sie mit diesem Dilemma umgehen. Wollen sie sympathisch wirken, oder doch lieber kompetent?

In einer eigenen Untersuchung (Schütz & DePaulo, 1996) haben wir festgestellt, dass Menschen mit hoher Selbstwertschätzung eher auf den Eindruck von Kompetenz wert legen, wohingegen Menschen mit niedriger Selbstwertschätzung sich bemühen, gemocht zu werden, auch wenn das auf Kosten ihrer Wirkung als kompetent geht. In der Studie beurteilten Studenten Kunstwerke anderer Studierender. Die Beurteilung erfolgte in der einen Versuchsbedingung vertraulich, in der anderen öffentlich. Bei der vertraulichen Beurteilung unterschieden sich Personen mit niedriger und hoher Selbstwertschätzung nicht, im öffentlichen Urteil aber schon: Öffentlich äußerten sich Personen mit hoher Selbstwertschätzung besonders kritisch. Sie schienen bemüht, durch Kritik zu beeindrucken und kompetent zu wirken (z. B. „Der Kontrast ist zu schwach"). Personen mit niedriger Selbstwertschätzung hingegen formulierten ihre Meinung vorsichtig und als persönliche Meinung (z. B. „Ich bin der Meinung, dass die Schraffierung etwas zu dunkel geraten ist") und beurteilten die Bilder insgesamt relativ positiv. Anscheinend bemühen sie sich, als nett, freundlich und sympathisch wahrgenommen zu werden.

 Personen mit hoher Selbstwertschätzung streben vor allem den Eindruck von Kompetenz an, Personen mit niedriger eher den Eindruck von Sympathie.

11 Selbstwertschätzung und soziale Beziehungen

Was Sie in diesem Kapitel erwartet

Menschen mit hoher Selbstwertschätzung beurteilen sich überwiegend positiv. Sie gehen auch davon aus, dass sie von ihren Mitmenschen besonders positiv eingeschätzt werden. Ist dies tatsächlich der Fall? Wie werden Menschen mit hoher Selbstwertschätzung von anderen beurteilt? Werden sie bewundert, sind sie besonders beliebt? Zu dieser Frage gab es früher – wie auch heute – kontroverse Standpunkte. Der Therapeut Reik (1944) war ebenso wie Freud (1921/1967) der Meinung, dass wir uns aus einem Gefühl von Unzulänglichkeit zu anderen hingezogen fühlen. Ganz anders die Thesen von Horney (1939) und Sullivan (1947), die den Ansatz von Freud weiterentwickelt haben. Sie gehen davon aus, dass wir uns nur dann wirklich und spontan zu anderen hingezogen fühlen, wenn wir stabiles Selbstvertrauen haben. Neuere empirische Untersuchungen zeigen, dass diese Thematik differenzierter betrachtet werden muss.

11.1 Sich positiv beurteilen – auch von anderen positiv beurteilt werden?

In einer eigenen Untersuchung beurteilten 42 Studierende sich selbst und wurden ihrerseits von Kommilitonen und Kommilitoninnen eingeschätzt (Schütz, 2003). Zugrunde lagen vier Dimensionen: Durchsetzungsfähigkeit; Altruismus; die Fähigkeit, Sympathien zu gewinnen und die Fähigkeit, Unterstützung geben zu können.

Im Selbsturteil fanden sich jeweils positive Zusammenhänge: Personen mit hoher Selbstwertschätzung beurteilten sich positiver als solche mit niedriger, und Personen mit niedriger Selbstwertschätzung beurteilten sich negativer als solche mit hoher Selbstwertschätzung. Im Fremdurteil waren solche Zusammenhänge geringer: Von anderen wurden die Personen mit hoher Selbstwertschätzung nicht unbedingt positiver eingeschätzt als Personen mit niedriger Selbstwertschätzung. Sie wurden nicht als altruistischer bewertet, nicht als wesentlich besser in Sympathien gewinnen und nicht wesentlich besser in Unterstützung geben. Allein auf der Dimension Durchsetzungsfähigkeit fand sich ein Zusammenhang: Personen mit hoher Selbstwertschätzung wurden auch von anderen als relativ durchsetzungsfähig eingestuft.

 Personen mit hoher Selbstwertschätzung wird hohes Durchsetzungsvermögen zugeschrieben, sie werden aber nicht als besonders sympathisch, altruistisch oder unterstützend wahrgenommen.

11.2 Sich wertschätzen – auch andere wertschätzen?

> Until I learned to love myself, I was never ever lovin' anybody else.
>
> Madonna: Secret

Hängt Selbstwertschätzung mit Wertschätzung anderer zusammen? Im Alltag, aber auch in verschiedenen psychologischen Theorien wird davon ausgegangen, dass nur wer sich selbst liebt, auch andere lieben kann. Es wird argumentiert, dass eine positive Selbstwertschätzung zu einer positiven Wertschätzung anderer führt: Diejenigen, die sich positiv einschätzen, sind auch anderen gegenüber offen, tolerant und freundlich. Hingegen verhalten sich Menschen, die eine negative Haltung sich selbst gegenüber haben, anderen Menschen gegenüber negativ.

Diese Beziehungen wurden in eigenen Untersuchungen getestet. Im Rahmen einer fragebogengestützten Erhebung baten wir 81 Studierende, sich anhand verschiedener Skalen einzustufen (Schütz, 2003). Vorgegeben wurde ein Fragebogen zur Selbstwertschätzung und ein Fragebogen zur Akzeptanz anderer. Geringe Akzeptanz anderer drückt sich unter anderem in starker Zustimmung zu folgendem Item aus: „Ich sehe wenig Sinn, etwas für andere zu tun, wenn sie nicht später auch etwas für mich tun können." Hohe Akzeptanz anderer drückt sich in starker Zustimmung zu folgender Selbstbeschreibung aus: „Ich komme mit fast allen Menschen aus."

Bei der Auswertung zeigten sich keine wesentlichen Zusammenhänge zwischen Selbstwertschätzung und Akzeptanz anderer. Somit kann gefolgert werden, dass Selbstwertschätzung unabhängig von der Wertschätzung anderer ist. Personen mit positiver Einstellung zu sich selbst haben nicht unbedingt eine positive Einstellung anderen gegenüber (vgl. Schütz, Renner & Sellin, in Vorber.). Diese Ergebnisse stehen im Kontrast zur bisherigen Annahme, die z. B.

vom Begründer der Gesprächspsychotherapie, Carl Rogers, 1961 formuliert wurden: Positive Selbstbewertung gehe mit positiver Bewertung anderer einher.

Praxisbezug. Dieses Ergebnis kann für verschiedene Anwendungsbereiche wichtig sein, etwa für die Arbeit in Teams. Die Höhe der Selbstwertschätzung hat nicht automatisch positive Auswirkungen auf die Teamfähigkeit. Wenn jedoch hohe Selbstwertschätzung und geringe Wertschätzung anderer zusammentreffen, kann dies zu einer dominanten, überheblichen Haltung führen, welche Zusammenarbeit in Teams beeinträchtigt – und letztlich so auch das gemeinsame Arbeitsergebnis verschlechtert.

 Hohe Selbstwertschätzung führt nicht unbedingt zu hoher Wertschätzung anderer Personen.

Auf andere zugehen

Eine weitere Differenzierung des Zusammenhangs von Selbstbewertung und Hinwendung zu anderen zeigen Dion und Dion (1988) auf. Sie differenzieren den Wunsch nach sozialer Verbundenheit und Bestätigung einerseits und die Bereitschaft, interpersonelle Risiken einzugehen andererseits. Menschen mit niedriger Selbstwertschätzung haben einen besonders starken Wunsch nach sozialer Anerkennung, sind aber eher vorsichtig, weil sie fürchten, abgewiesen zu werden (vgl. Kap. 10.3). Umgekehrt verhält es sich bei Personen mit hoher Selbstwertschätzung: Ihre positive Einstellung zu sich selbst ermöglicht es ihnen, im zwischenmenschlichen Bereich Risiken einzugehen. Die Gefahr eines möglichen Misserfolgs hindert sie nicht daran, das zu verfolgen, was sie wollen. Allerdings haben sie ein geringeres Bedürfnis nach sozialer Anerkennung. So ist bei Menschen mit hoher Selbstwertschätzung die Bereitschaft, auf andere zuzugehen, mit geringem Interesse an dem Kontakt gepaart. Bei Menschen mit niedriger Selbstwertschätzung geht großes Interesse mit geringer Bereitschaft einher, die Initiative zu ergreifen.

11.3 Selbstwertschätzung und selbstwertdienliche Verzerrungen

Selbstwertschätzung ist zunächst eine Einstellung zu sich selbst. Diese Einstellung uns selbst gegenüber hat aber durchaus Auswirkungen darauf, wie wir uns anderen Menschen gegenüber verhalten. In Konfliktsituationen beispielsweise, die wir selbstwertbedrohend erleben, neigen wir dazu, die Schuld an dem Konflikt einseitig dem Partner zuzuschieben, obgleich zu einem Streit meist beide Partner beitragen. Wir verzerren also die Realität, um unseren Selbstwert zu schützen.

Selbstwertdienliche Verzerrungen hinsichtlich des Partners wird nicht nur im Negativen, sondern auch im Positiven vorgenommen. Dann wird der Partner, wie die eigene Person selbst, in rosigem Licht gesehen. Sein Verhalten wird so interpretiert, dass es für sie schmeichelhaft ist. Vergisst oder verliert der Partner z. B. eine Kleinigkeit, wird das besonders in der Phase der Verliebtheit eher als „entspannte Haltung" denn als „Schlampigkeit" gedeutet (vgl. Schütz & Hoge, 2003).

Die wohlwollende Interpretation des Verhaltens des Partners stößt allerdings dort an eine Grenze, wo es um Paarkonflikte geht und die Wahl zwischen Selbstwertschutz und partnerbegünstigender Darstellung besteht. An der Universität Bamberg analysierten wir die Schilderungen von Konfliktsituationen bei Ehepaaren (vgl. Laux & Schütz, 1996; Schütz, 1999). Dabei wurden Mann und Frau jeweils getrennt interviewt. Interessant war, dass der Konflikt von den Betroffenen in sehr unterschiedlicher Weise geschildert wurde. Die Unterschiedlichkeit lässt sich insgesamt interpretieren als selbstwertdienliche Verzerrung, als Legitimierung des eigenen Standpunktes und Infragestellen des anderen. Eine Frau z. B. meinte, dass sein Verhalten den Konflikt ausgelöst habe, der Mann sah das aber ganz anders.

11.4 Verantwortungsübernahme, Hilfsbereitschaft und Selbstkritik

Selbstwertschätzung und Verantwortungsübernahme

Es kann selbstwertschützend sein, wenn bei Problemen keine oder wenig Verantwortung für eigenes Verhalten übernommen wird. In einer eigenen Untersuchung (Schütz, 2003) wurden 27 Paare zu Belastungssituationen aus dem zwischenmenschlichen Bereich befragt. Wir baten jeweils eine der beiden Personen, eine kürzlich erlebte belastende Episode mit einer dritten Person zu schildern – eine Episode, in der sie sich nicht ernst genommen und abgelehnt fühlte. Es handelte sich um Situationen, in denen sich die Befragten von Freunden, Verwandten, Kollegen oder Vorgesetzten abgelehnt fühlten. Die Kritik des Vorgesetzten, die kurzfristige Absage des geplanten Besuches eines Freundes unter fadenscheinigem Vorwand, distanziertes Verhalten von Kolleginnen oder die Vorwürfe eines Freundes waren typische Beispiele. Im Interview wurde gefragt, wer als verantwortlich für die Belastung gesehen wurde.

Personen mit hoher Selbstwertschätzung schrieben sich geringe Verantwortung zu. Personen mit niedriger Selbstwertschätzung neigten dazu, die Verantwortung sich selbst zuzuschreiben. Die jeweiligen Partner aber schätzten ihre Verantwortlichkeit anders ein. Das heißt, die Personen, die glaubten, kaum Schuld am Konflikt zu tragen, wurden von ihren Partnern als durchaus verantwortlicher eingeschätzt. Und die Personen, die glaubten, sie hätten Schuld am Konflikt, wurden von ihren Partnern für weniger verantwortlich gehalten. Insgesamt deuten die Ergebnisse darauf hin, dass Selbstwertschätzung teilweise illusionäre Selbstüberschätzung ist.

 Personen mit hoher Selbstwertschätzung übernehmen wenig Verantwortung für ihr Verhalten; Personen mit geringer Selbstwertschätzung überschätzen die eigene Verantwortung für Probleme.

Selbstwertschätzung und Hilfsbereitschaft

Viele Situationen im Leben können nicht ohne Hilfe bewältigt werden. Was bringt Menschen dazu, anderen zu helfen? Die Hilfsbereitschaft ist besonders groß, wenn der Hilfsempfänger dem potentiell Helfenden ähnlich ist. Grundsätzlich gilt, dass man Menschen, die man als ähnlich empfindet, als sympathischer bewertet (Byrne, 1971). Darüber hinaus empfinden wir auch mehr Mitgefühl mit denen, die uns ähneln (Houston, 1990).

Altruistisches und egoistisches Helfen. Zu differenzieren sind allerdings unterschiedliche Formen der Hilfeleistung: altruistische Verhaltensweisen, die durch Mitgefühl bestimmt sind, und Hilfeleistung, die letztlich dem Helfenden Vorteile bringt. Im zweiten Fall kann man z. B. dadurch, dass man anderen hilft, sich selbst als kompetent oder moralisch vorbildlich präsentieren (Jones & Pittman, 1982), ja sogar eigene Überlegenheit ausdrücken (Rosen et al., 1986). Die positive Bewertung der eigenen Person kann dabei sowohl als Ausgangspunkt wie auch als Konsequenz der Hilfeleistung gesehen werden. Um bereit zu sein, anderen zu helfen, ist es notwendig, in gewissem Ausmaß von eigenen Fähigkeiten und der Wirksamkeit des eigenen Handelns überzeugt zu sein (vgl. Schütz & Schröder, im Druck a). Hat man erfolgreich geholfen, wird sich das wiederum selbstwerterhöhend auswirken.

Der Wunsch nach Selbstwertschutz kann aber auch die Hilfsbereitschaft beeinträchtigen – wenn die Hilfe, die wir anderen geben, den Vorsprung, den wir eben noch hatten und auf den wir so stolz sind, zerstört. Meist sind wir eher bereit, Freunden zu helfen als Fremden. Es gibt eine Ausnahme: Wenn uns eine Aufgabe sehr wichtig ist, helfen wir Freunden weniger gern als Fremden. Von denen, die uns ähnlich sind, wollen wir nicht überrundet werden. Im Labor stellten Tesser und Smith (1980) fest, dass Versuchspersonen bei belanglosen Aufgaben Freunden mehr halfen als Fremden, wenn es sich jedoch um eine für sie selbstwertrelevante Aufgabe handelte, waren sie eher bereit, Fremden dabei zu helfen als Freunden.

Wie wirken selbstkritische Äußerungen in Interaktionen?

Zweifel an den eigenen Fähigkeiten, der eigenen Attraktivität und der eigenen Person generell wirken sich, insbesondere wenn sie öffentlich geäußert werden, erwartungsgemäß darauf aus, wie die Person von anderen wahrgenommen wird. Menschen, die Selbstkritik äußern, können als angenehm und unprätentiös, aber auch als inkompetent und unattraktiv wahrgenommen werden.

Powers und Zuroff (1988) beobachteten in einem Laborexperiment die Interaktionen von Studentinnen. Dabei arbeitete jeweils eine Versuchsteilnehmerin im Team mit einer anderen Studentin, die instruiert war, sich entweder selbstaufwertend, neutral oder selbstkritisch zu geben. Es wurde analysiert, wie sich dieses selbstaufwertende, neutrale oder selbstkritische Verhalten darauf auswirkte, wie die Studentin beurteilt wurde und wie ihr Gegenüber mit ihr umging.

Selbstkritisches Verhalten (z. B. „Ich glaube, ich kann das nicht gut") führte während des Gesprächs häufig zu Bemerkungen unterstützender Art („Du machst das gut!") oder selbstkritischer Art („Ich könnte das auch nicht besser"). Auf selbstaufwertendes Verhalten (z. B. „Ich habe einen ausgezeichneten Hinweis") reagierte das Gegenüber seinerseits mit Selbstaufwertung. Selbstaufwertendes Verhalten führte gleichzeitig zu höheren Kompetenzzuschreibungen als selbstkritisches Verhalten. Interessant ist, dass die Interaktionspartnerinnen sich sozusagen an das Verhalten des Gegenübers anpassten, sich also ebenfalls bescheidener verhielten, wenn ihr Gegenüber selbstkritisch war, und sich selbst positiver bewerteten, wenn dieses sich aufwertete.

Sympathisch und inkompetent. In einer anschließenden vertraulichen Beurteilung wurden diejenigen, die sich selbstkritisch verhalten hatten, als angenehmer und sympathischer eingestuft als diejenigen, die sich selbstaufwertend verhalten hatten. Selbstkritisches Verhalten führte aber auch dazu, dass man die Akteure als weniger glücklich und erfolgreich beurteilte. Ihnen schrieb man in verschiedenen Bereichen (Studium, Beruf, Partnerschaft und Freundschaft) geringere Kompetenzen zu.

Damit ergeben sich Hinweise darauf, dass Selbstkritik zweischneidig sein kann. Es ist zwar angenehm, mit Menschen zu tun zu haben, die sich bescheiden im Hinblick auf ihre Fähigkeiten äußern, und dieses Verhalten führt auch bei den jeweiligen Interaktionspartnern im Sinne einer Symmetrie der Interaktion zu zurückhaltenderer Selbstbeschreibung. Aber dieses „glatte" Interaktionsgeschehen hat seinen Preis: Die Kompetenzen der fraglichen Person werden gering eingeschätzt und potentiell unterschätzt.

> **!** Bei Selbstkritik möchte die Person vor allem Sympathien gewinnen und riskiert dabei, inkompetent zu wirken. Bei der Selbstaufwertung demonstriert die Person Kompetenz, sie riskiert dabei Harmonie.

Werden Menschen, die Selbstkritik äußern, immer sympathisch wahrgenommen? Betrachtet man die langfristigen Folgen von Selbstzweifel in Beziehungen und handelt es sich um sehr starke Selbstzweifel, zeigt sich ein anderes Bild. Hier wird deutlich, dass Selbstkritik und Selbstabwertung nicht mehr als sympathisch und angenehm erlebt werden, im Gegenteil: Sie wirken stark belastend (vgl. Kap. 6.2).

11.5 Selbstwertschätzung und Partnerschaft

Selbstwertschätzung wirkt sich in Beziehungen auf sehr vielfältige Weise aus. Hohe Selbstwertschätzung steht etwa in Zusammenhang mit sicherer Bindung (Grossmann & Grossmann, 1995). Außerdem gibt es eine gewisse Übereinstimmung im Hinblick auf die Selbstwertschätzung der Partner (Laux & Schütz, 1996; Schütz, 1998). Menschen, die miteinander in Partnerschaft leben, ähneln sich in Bezug auf ihre selbstbezogenen Einstellungen – was vermutlich großenteils auf Selektionsprozesse zurückzuführen ist: Es ist wahrscheinlicher, Personen zu treffen, die hinsichtlich Bildung, Interessen und Aktivitäten der eigenen Person ähneln, damit ist auch die Wahrscheinlichkeit größer, einen Partner aus diesem Personenkreis zu wählen.

Teufelskreis. Niedrige Selbstwertschätzung kann in Beziehungen insofern ein Problem darstellen, als Menschen mit niedriger Selbstwertschätzung immer wieder Bestätigung suchen. Murray et al. (1998) zeigten, wie aus Selbstzweifeln Beziehungsunsicherheiten werden können (vgl. Katz & Joiner, 2001). Studien zur Dynamik in Beziehungen weisen auf ein Muster zwischen Forderung und Rückzug hin, das in einen Teufelskreis münden kann: Je mehr die eine Person fordert, desto mehr fühlt sich die andere bedrängt und zieht sich zurück; es handelt sich hierbei um das so genannte „demand withdraw pattern" (Christensen & Heavey, 1993; Eldridge & Christensen, 2002). Der Rückzug führt beim Gegenüber aber häufig zu noch stärkeren Forderungen, womit eine Abwärtsspirale eingeleitet wird.

Konstellationen. Wichtig ist in diesem Zusammenhang auch, inwiefern die Personen ihre Partnerschaft für ihre Selbstwertschätzung brauchen: Beispielsweise kann man sich aufwerten, indem man den Partner abwertet, oder man schöpft

Selbstwertschätzung aus der Beziehung zu dem Partner. Günstig für eine Partnerschaft ist es, wenn sich die Partner wechselseitig positive Rückmeldungen geben und Anerkennung schenken; dieser Umgang miteinander stabilisiert die Selbstwertschätzung (vgl. Caspi et al., 1989). Eine Studie zur Stressbewältigung in Familien (Laux & Schütz, 1996) verdeutlicht verschiedene Konstellationen hinsichtlich der Selbstwertschätzung der Paare:

▶ Bei Paar S. lässt sich eine wechselseitige Stabilisierung von Selbstakzeptanz und die Bereitschaft zu aktiver und konstruktiver Veränderung beobachten. Selten finden sich bei solchen Paaren globale Schuldzuweisungen an den Partner. Bezeichnend ist folgende Aussage von Frau S.: „Eine gute Ehe ist harte Arbeit, die sich aber lohnt."

▶ Bei Paar I. ist die Frau eine unsichere und der Mann eine selbstsichere und unterstützende Person. Frau I. leidet unter Selbstzweifeln, wird aber durch ihren Partner über positive Rückmeldungen in einer positiven Selbstsicht gestützt.

▶ Weniger günstig scheint die Konstellation bei Paar N.: Hier hat eine unsichere Frau einen Partner, der seine positive Selbstbewertung aus einem Gefühl der Höherstellung, des „Besser-Seins" bezieht und sie immer wieder kritisiert. Frau N. hatte den deutlich älteren Mann anfangs bewundert, aber das ungleiche Verhältnis wurde für sie zunehmend belastend, und sie zog sich immer mehr zurück. Darauf reagierte der Partner wiederum mit Kritik und Abwertung.

Selbstzweifel und Beziehungsprobleme

Umfangreiche Beziehungsstudien von Murray et al. (1988) führten zu einem Modell, das zeigt, wie Personen die Basis für die Zuneigung ihres Partners, die sie sich so sehr wünschen, selbst zerstören. Selbstzweifel vergiften dabei letztlich die Beziehung. Menschen mit starken Selbstzweifeln und sehr niedriger Selbstwertschätzung können offensichtlich kaum glauben, dass ihre Partner sie lieben. Sich auf eine Beziehung einzulassen ist für sie stets ein Dilemma – der Wunsch nach Nähe ist mit der Sorge verbunden, letztlich doch wieder abgelehnt zu werden. Sie unterschätzen die Zuneigung ihrer Partnerin bzw. ihres Partners und schätzen ihre Liebenswürdigkeit in der Folge noch geringer ein. Ironisch dargestellt wird eine derartige Haltung in einem Bonmot, das dem Komiker Groucho Marx zugeschrieben wird: „Einem Verein, der mich als Mitglied akzeptieren würde, möchte ich nie und nimmer angehören!"

Ablehnung provozieren. Menschen mit niedriger Selbstwertschätzung sind demzufolge weniger zufrieden mit ihren Beziehungen und weniger optimistisch hinsichtlich der Zukunft der Beziehung. Sie verhalten sich ängstlich, sind sehr sensibel gegenüber Kritik und verlangen in starkem Maße Anerkennung. Durch dieses Verhalten bedrohen sie aber ihre Beziehung: Sie reagieren stark auf kleine Zwischenfälle, gehen wenig gelassen mit diesen um. Das wiederum führt beim Partner oder bei der Partnerin zu negativen Gefühlen. Besonders bei Frauen zeigt sich häufig, dass sie befürchten, abgelehnt zu werden, sich daher aber so verhalten, dass sie Ablehnung provozieren. Selbst geduldigen Menschen geht es auf Dauer auf die Nerven, wenn sie immer wieder bestätigen sollen, dass sie ihre Partner lieben. So kann der Versuch, sich der Beziehung gewiss zu sein, zu deren Verlust beitragen.

Ablehnung als Schutz. In einer Serie von Experimenten untersuchten Murray und Holmes (2000), wie Menschen mit hoher und solche mit niedriger Selbstwertschätzung in selbstwertbedrohenden Situationen mit dem Partner umgingen. Zum Beispiel bat man die Teilnehmenden, sich an ein Ereignis zu erinnern, bei dem sie den Partner bzw. die Partnerin enttäuschten oder bei dem sie auf wenig rücksichtsvolles Verhalten ihrerseits hingewiesen wurden. Man untersuchte, wie diese Selbstzweifel sich auf ihre Wahrnehmung der Beziehung und des Partners auswirkten.

Personen mit niedriger Selbstwertschätzung zweifelten als Folge ihrer allgemeinen Selbstzweifel auch an der Wertschätzung des Partners. Personen mit hoher Selbstwertschätzung waren sich sicher, dennoch geliebt zu werden. Darüber hinaus bewerteten Personen mit niedriger Selbstwertschätzung die Beziehung als weniger bedeutsam und den Partner weniger positiv – wahrscheinlich als Schutzmaßnahme vor einer befürchteten Auflösung der Beziehung. Für Personen mit hoher Selbstwertschätzung fungierte die Beziehung als sicherer Hafen, durch den sie Bedrohungen ausgleichen konnten. Bei Personen mit niedriger Selbstwertschätzung setzen Selbstzweifel jedoch einen Teufelskreis in Gang: Selbstzweifel führen dazu, dass diese Personen befürchten, die Liebe des Partners zu verlieren. Gegen den drohenden Verlust wappnen sie sich, indem sie die Partnerschaft und den Partner abwerten – damit beschädigen sie aber eben die Basis dieser Beziehung (vgl. Schütz, 1998). Selbst auf Versuche des Partners, ihnen Zuneigung zu versichern, reagieren sie häufig abwehrend.

Umgang mit Ablehnungsbefürchtung. Murray und Holmes (2000) weisen darauf hin, dass selbst Lob bei Menschen mit niedriger Selbstwertschätzung oft mögliches Versagen in Erinnerung ruft und Zuneigung immer die Gefahr der Ablehnung beinhaltet. Das gilt insbesondere, wenn Selbstwertschätzung nicht in sich gefestigt, sondern kontingent ist (vgl. Kap. 4.2.5). Den betroffenen Menschen hilft man daher häufig nicht dadurch, dass man seine Zuneigung immer wieder betont, sondern eher dadurch, dass die Themen Anerkennung und Kritik ausgespart bleiben und eine nicht bewertende Ebene angestrebt wird. Im Sinne der Theorie persönlicher Konstrukte nach Kelly (1955) hilft es also weniger, im Konstrukt (Anerkennung – Ablehnung) das Gegenteil des Befürchteten zu betonen. Vielmehr sollte die Dimension zugunsten einer anderen (z. B. Verstehen – Nicht-Verstehen) aufgegeben werden. Mit anderen Worten, Akzeptanz sollte selbstverständlich und eher nebenbei denn als explizites Thema eine Rolle spielen.

 Für Menschen mit niedriger Selbstwertschätzung ist der Gedanke an Erfolg oft mit Gedanken an Misserfolg, der Gedanke an Zuneigung oft mit Gedanken an Ablehnung verbunden.

Katz und Joiner (2001) fassen das Dilemma wie folgt zusammen: Menschen mit niedriger Selbstwertschätzung möchten Bestätigung von ihren Partnern. Wenn sie aber positive Rückmeldungen erhalten, fällt es ihnen schwer, daran zu glauben, weil die Rückmeldungen im Kontrast zu ihrer eigenen, negativen Sicht stehen. Für sie haben negative Rückmeldungen den Vorteil der Berechenbarkeit, positive Rückmeldungen werden hingegen als riskant erlebt – vielleicht werden sie doch noch widerlegt. Dennoch wünschen sie sich Zuwendung und Anerkennung. Wie auch immer der Partner reagiert, sie sind unzufrieden: Negatives gefällt ihnen nicht, Positives können sie nicht glauben. Daher fordern sie immer wieder Bestätigung („Liebst du mich auch wirklich?"). Dieses Beharren verunsichert und verärgert aber häufig den Partner, der dann ebenfalls negative Gefühle und Zweifel an der Beziehung erlebt, wodurch die Abwärtsspirale in Gang kommt.

12   Selbstwertschätzung und Leistung

Was Sie in diesem Kapitel erwartet

Hohe Selbstwertschätzung beruht zum Teil auf Erfolgen und beinhaltet die positive Einschätzung eigener Fähigkeiten. In zahlreichen Untersuchungen aus dem Bereich der pädagogischen Psychologie wird auf Zusammenhänge von Selbstwertschätzung und Leistung hingewiesen. Menschen mit hoher Selbstwertschätzung halten sich für leistungsfähiger und sind mehr von ihren Leistungen überzeugt als Menschen mit niedriger Selbstwertschätzung. Aber leisten sie auch mehr?

Untersuchungen zeigen, dass positive Selbsteinschätzung tatsächlich mit höherer Leistung einhergeht: Menschen, die sich positiv beurteilen, haben auch nach objektiven Kriterien etwas höhere Fähigkeiten als Menschen mit niedriger Selbstwertschätzung. Allerdings: Diese objektiven Zusammenhänge sind weniger stark als die Zusammenhänge auf der Basis subjektiver Maße (Ehrlinger & Dunning, 2003). Das heißt, Menschen mit hoher Selbstwertschätzung leisten zwar mehr als solche mit niedriger Selbstwertschätzung, aber sie leisten nicht so viel, wie sie selbst glauben.

12.1   Selbstwertschätzung und die Einschätzung eigener Leistung

Wer sich selbst positiv beurteilt, beurteilt auch das positiv, was er tut. Mabe und West (1982) führten eine Metaanalyse durch, um festzustellen, wie tatsächliche Leistung mit subjektiv eingeschätzter eigener Leistung zusammenhängt. Über 52 Studien hinweg zeigte sich ein moderater positiver Zusammenhang, die tatsächliche Leistung entsprach der Einschätzung also nur ein wenig. Enger war der Zusammenhang, wenn die eigene Einschätzung im Laufe des Versuchs mit einem objektiven Kriterium verglichen wurde und die Selbsteinschätzungen anonym erfolgten – offenbar verringert sich unter diesen Bedingungen die Tendenz zu positiver Selbstpräsentation. Höhere Übereinstimmung entsteht auch, wenn relative statt absolute Fähigkeiten erfasst werden, d. h., Menschen beurteilen ihre Leistungen realistischer, wenn sie angeben sollen, inwiefern sie besser oder schlechter als andere sind, als wenn sie sich auf einer (unterschiedlich interpretierbaren) Skala von „sehr gut" bis „sehr schlecht" einstufen sollen. Zudem ist der Zusammenhang enger, wenn vorher Informationen über tatsächliche Leistungen rückgemeldet werden, die jeweilige Person also eine bessere Basis für ihre Einschätzung hat.

Dass die Bewertung des eigenen Handelns relativ unabhängig von objektiven Standards ist, zeigt eine neuere Studie. Ehrlinger und Dunning (2003) untersuchten den Zusammenhang von Selbstbewertung und Leistungsbeurteilung. Nach Durchführung eines Tests zum logischen Denken bestand zwar ein statistisch signifikanter Zusammenhang zwischen Selbstbewertung und Einschätzung des eigenen Ergebnisses in diesem Test, nicht aber ein entsprechender Zusammenhang zwischen objektivem Ergebnis und Einschätzung des eigenen Ergebnisses.

Einfluss der Gedanken. In einer weiteren Studie von Ehrlinger und Dunning (2003) wurde mit Versuchspersonen zunächst über geographische Zusammenhänge gesprochen. Mit Versuchspersonen in der einen Versuchsbedingung wurde über Inhalte gesprochen, die ihnen bekannt waren, ihnen wurde also das Gefühl der Kompetenz vermittelt; mit Teilnehmern der anderen Versuchsbedingung wurde über Inhalte gesprochen, die ihnen nicht bekannt waren, diese mussten sich also inkompetent fühlen. Anschließend wurde ein Geographietest durchgeführt. Ergebnis: Obwohl beide Gruppen den gleichen Test bearbeiteten und sich nicht in ihren Leistungen unterschieden, hatte die Gruppe, der ein Kompetenzgefühl suggeriert worden war, den Eindruck, besser abgeschnitten zu haben als die andere Gruppe.

Das Experiment verweist auf die Kraft der Gedanken und darauf, dass es relativ schwer scheint, einmal etablierte Überzeugungen über die eigene Person zu ändern. Wer eine hohe Meinung von sich hat, beurteilt eigene Ergebnisse positiv. Tröstlich für diejenigen, die nicht mit einer positiven Selbstbewertung gesegnet sind, mag sein, dass positive Selbstsicht wohl nur dann möglich ist, wenn keine objektiven Standards zur Beurteilung der eigenen Handlungsergebnisse vorliegen.

Abbildung 12. Teufelskreis von negativer Selbstbewertung und Leistungsproblemen. Menschen mit niedriger Selbstwertschätzung haben negative Erwartungen hinsichtlich ihrer Leistungen, strengen sich entsprechend nicht genug an und haben zugleich Angst. Das führt zu tatsächlichem Misserfolg, was wiederum als Bestätigung des niedrigen Selbstwertes erlebt wird

Gedächtnis für selbstbezogene Informationen

Aufmerksamkeit und Erinnerung sind häufig selektiv – was zu bereits etablierten Überzeugungen passt, merken wir uns leichter. Generell unterscheiden sich Personen mit unterschiedlich hoher Selbstwertschätzung nicht im Umfang dessen, was sie bezüglich Rückmeldungen zu ihrer Person erinnern (Story, 1998), aber darin, dass sie sich mehr an negative oder mehr positive Rückmeldungen erinnern: Sie erinnern sich an das, von dem sie ohnehin überzeugt sind. Personen mit hoher Selbstwertschätzung erinnern sich eher an positive Aussagen, Personen mit niedriger Selbstwertschätzung eher an negative.

Self-Competence und Self-Liking. Tafarodi et al. (2003) unterscheiden zwei spezifische Selbstbewertungen: positive Bewertung eigener Fähigkeiten („self-competence") und eine emotional positive Haltung zur eigenen Person („self-liking"). Diese Haltungen beeinflusste die Anzahl der Begriffe, die sich Versuchsteilnehmerinnen merkten. Ihnen wurden positive und negative Begriffe präsentiert, die sich auf Kompetenz und Liebenswürdigkeit bezogen. Dabei war die Hälfte der Teilnehmerinnen instruiert, jedes Wort auf ihre eigene Person zu beziehen. Die andere Hälfte bezog die Begriffe auf eine durchschnittliche Studentin. Nur wenn die Begriffe auf die eigene Person bezogen wurden, zeigten sich Effekte der Selbstbewertung. Diejenigen, die durch niedrige Selbstwertschätzung im Bereich Kompetenz oder Liebenswürdigkeit gekennzeichnet waren, merkten sich entsprechende negative Begriffe besonders gut. Besorgnis, in einem bestimmten Bereich nicht adäquat zu sein, wirkte sich insofern aus, als diesbezügliche Informationen besonders gut eingeprägt wurden.

In Boris Beckers Formulierung in einer Werbeanzeige (vgl. Kap. 5.1) zeigt sich dieses Muster: Aus Angst zu verlieren, erinnere er sich vor allem an Niederlagen. Ob dieses Muster allerdings hilft, zu gewinnen – wie in der Anzeige suggeriert wird –, ist weniger eindeutig. Wie Untersuchungsergebnisse zeigen (vgl. 12.1), sind sowohl Selbstüberschätzung wie auch Selbstzweifel ein Problem – auch in diesem Fall scheint also zu gelten, dass ein Mittelmaß günstig ist. Der Gedanke an eigene Niederlagen wäre somit vor allem denen zu empfehlen, die zu siegesgewiss sind.

Selbstüberschätzung und Leistung

Im groß angelegten Münchner SCHOLASTIK-Projekt (Schulorganisierte Lernangebote und Sozialisation von Talenten, Interessen und Kompetenzen) wurden 1.000 Grundschulkinder untersucht (Weinert & Helmke, 1997). Bezüglich des Zusammenhangs von Selbsteinschätzung und Leistung (Mathematik und Rechtschreiben) zeigten sich zu Beginn der Grundschulzeit wechselseitige Einflüsse: Die Selbstbeurteilung beeinflusste die nachfolgenden Leistungen, und auch vorausgegangene Leistungen hatten Einfluss auf die Selbstbeurteilung (van Aken et al., 1997).

In späteren Grundschuljahren schwächte sich der Einfluss der Selbstbeurteilung auf die Leistungen (bei zunehmender Stabilität der Testleistungen) hingegen ab, da vermutlich objektive Leistungsmöglichkeiten und -grenzen bedeutsamer wurden. Die Leistungen hatten jedoch weiterhin Einfluss auf das Selbstkonzept. Eine differenzierte Analyse zeigte, dass eine hohe Einschätzung der eigenen Fähigkeiten sich nicht direkt, sondern nur über dazwischenliegende Mechanismen positiv auf Leistung auswirkt (vgl. auch Helmke, 1992). Diese Mechanismen betreffen vor allem das Lern- und Leistungsverhalten und können zueinander in Wechselwirkung stehen: Positive Selbstbeurteilung führt beispielsweise dazu, dass schwierige Aufgaben schneller in Angriff genommen werden, oder dass man sich weniger leicht entmutigen lässt, wenn bei der Zielerreichung Probleme auftreten. Neben der Selbstbeurteilung spielen natürlich Vorkenntnisse, Intelligenz und Merkmale des Unterrichts eine Rolle (vgl. Fend et al., 1997).

Gefahren der Selbstüberschätzung. Helmke (1992) weist aber auch auf Gefahren positiver Selbstbeurteilung hin. Kinder, die sich stark überschätzen, bereiten sich ungenügend auf Prüfungen vor und erzielen schlechtere Leistungen (z. B. in Mathematikprüfungen). Eine starke Überschätzung der eigenen Fähigkeiten kann also dazu führen, dass Erfolg für selbstverständlich gehalten wird, was wiederum zur Folge haben kann, dass die Voraussetzungen für diesen Erfolg nicht geschaffen werden und dieser infolgedessen ausbleibt.

BEISPIEL

Am 31. Mai 1999 berichtet die Presse über eine überraschende Niederlage des 1. FC Nürnberg. In einer Situation, die als optimale Ausgangssituation beschrieben wurde, ereignete sich Überraschendes: Nach einem leichtfertigen Ballverlust im eigenen Strafraum in der 28. Minute erfolgte ein schneller Freiburger Angriff. Durch Unaufmerksamkeit der überlegenen Heimspieler aus Nürnberg kam es zum 0:1. Sieben Minuten später fiel das zweite Tor, da die Verteidigung nicht bereitstand.

Hoch positive Selbsteinschätzungen können des Weiteren dazu führen, dass Aufgaben unterschätzt bzw. eigene Ziele zu hoch angesetzt und deshalb nicht erreicht werden (vgl. Baumeister et al., 1993). Außerdem kann die Unterschätzung von Problemen bewirken, dass man Situationen, die de facto nicht kontrollierbar sind, dennoch als kontrollierbar ansieht, so dass man beim vergeblichen Versuch, sie zu bewältigen, erhebliche Energien verschwendet: McFarlin et al. (1984) beschreiben, wie Personen mit hoher Selbstwertschätzung auch bei unlösbaren Aufgaben große Hartnäckigkeit zeigten und nicht aufgeben wollten. Offenbar fiel es ihnen schwer zu glauben, dass sie nicht in der Lage seien, die Aufgabe zu lösen.

Selbstüberschätzung oder -unterschätzung? Nicht leicht zu beantworten ist die Frage, ob Selbstüberschätzung insgesamt eher hilfreich oder eher problematisch ist, denn auch Kinder, die sich unterschätzen, haben Schwierigkeiten: Entweder sind sie nicht bereit, herausfordernde Aufgaben anzugehen und bleiben damit unter ihrem Potential, oder sie haben durch die Unterschätzung der eigenen Fähigkeiten mit Anspannung und Nervosität zu kämpfen, was sich ungünstig auf die konkrete Leistungsfähigkeit auswirkt. So wird das Kind durch so genannte dysfunktionale Gedanken von der eigentlichen Aufgabe abgelenkt („Was wird, wenn ich das nicht schaffe?", „Was werden meine Eltern sagen?").

Negative Selbsteinschätzungen sind ebenso wie starke Selbstüberschätzung ungünstig. Etwas günstiger als eine realistische Sicht erweist sich aber eine leichte Form der Selbstüberschätzung (vgl. Baumeister, 1989; Schütz & Hoge, in Vorber.).

Auf Probleme der Selbstüberschätzung weisen ebenfalls Dörner (1999) und Dörner et al. (2002) hin. In verschiedenen Planspielen übernehmen Versuchspersonen die Rolle des Bürgermeisters einer Kleinstadt, eines Entwicklungshelfers in der Sahelzone oder eines Managers einer Schokoladenfabrik. Bei der Organisation des Produktionsablaufs zeigen sich Probleme in Zusammenhang mit extrem positiver Selbsteinschätzung. Eine Überschätzung der eigenen Fähigkeiten führt in vielen Fällen zum Übersehen langfristiger Konsequenzen und zu mangelhafter Überprüfung von Alternativen – und damit langfristig zu schlechten Ergebnissen.

 Selbstunterschätzung sowie starke Selbstüberschätzung erweisen sich im Leistungsbereich als ungünstig. Günstig ist eine geringfügige Selbstüberschätzung.

Selbsteinschätzung und Leistung im Kulturvergleich

Einschätzungen bestimmter Situationen und der eigenen Person sind je nach Kultur unterschiedlich (vgl. Kap. 9.1). Kulturelle Unterschiede zeigen sich unter anderem darin, worauf das Augenmerk stärker gerichtet wird: auf eigene Stärken oder auf eigene Schwächen.

Beide Strategien können mit Vor- und Nachteilen verbunden sein. Die Fokussierung auf eigene Stärken hilft, gelassen zu bleiben und Probleme mit Ruhe anzugehen, kann aber Entwicklungen behindern. Die Fokussierung auf eigene Schwächen zentriert die Aufmerksamkeit auf wichtige Aspekte, die verändert werden sollten, kann jedoch zu Resignation führen (vgl. Schütz, 2003).

In einer kulturvergleichenden Studie (Little et al., 1995) wurde untersucht, wie Kinder in Moskau, Los Angeles sowie Ost- und Westberlin sich in bestimmten Leistungsbereichen einschätzten, und diese Einschätzungen wurden mit objektiven Kriterien verglichen. Die Kinder in Ostberlin überschätzten sich am wenigsten; ihre Einschätzung war besonders realistisch. Die Kinder in Los Angeles dagegen zeigten die höchste positive Selbsteinschätzung, ihre tatsächliche Leistung stand aber in weniger engem Zusammenhang zu ihren Einschätzungen als die anderer Kinder. Dieses Ergebnis lässt sich vermutlich durch die in den verschiedenen Schulsystemen üblichen Praktiken erklären: Im amerikanischen Schulsystem werden häufig positive Rückmeldungen gegeben und das Selbstbewusstsein gestärkt – möglicherweise sogar zu sehr gestärkt (Baumeister et al., 2003). Im Schulsystem der ehemaligen DDR wurde großer Wert auf realistische und kritische Selbsteinschätzung gelegt.

Exkurs: Kann Lob schaden?

Es scheint selbstverständlich, dass Lob angenehm und Tadel unangenehm ist – und dass beides zu höheren Leistungen anspornt. Bei genauerer Betrachtung erweist sich diese Vermutung als zu einfach, es müssen weitere Faktoren berücksichtigt werden: Lob bei einer leichten Aufgabe beispielsweise kann selbstwerterniedrigend wirken. Kritik an einer falschen Antwort oder einer Leistung, die bei anderen belobigt wurde, kann dagegen darauf hinweisen, dass das Gegenüber mehr erwartet. Derartige Effekte bezeichnet Meyer (1984) als paradoxe Wirkung von Lob und Tadel.

Praxisbezug. Dweck (1999) warnt insbesondere vor eigenschaftsbezogenem Lob (vgl. Kap. 5.2): Wird einem Kind immer wieder gesagt „Du bist intelligent", so kann ein Misserfolg als Hinweis darauf gesehen werden, dass man nun an das Limit der eigenen Kapazitäten gestoßen ist und dass Erfolg bislang immer als Hinweis auf stabile Fähigkeiten interpretiert wurde. Wird dem Kind aber verhaltensbezogen der Einsatz günstiger Strategien („Das hast du geschickt gemacht!") oder Bemühen („Da hast du dich aber sehr angestrengt!") rückgemeldet, so ist es im Falle eines Misserfolgs näher liegend, nach anderen Strategien zu suchen oder mehr Einsatz zu zeigen.

 Verhaltensbezogenes Lob ist günstiger als eigenschaftsbezogenes Lob.

12.2   Ablehnungserfahrung und Leistung

Bekanntlich geht es im schulischen und beruflichen Alltag nicht immer freundschaftlich zu. In vielen Situationen müssen Leistungen in einer angespannten oder feindseligen Atmosphäre erbracht werden. Erlebte Ablehnung scheint je nach Höhe der Selbstwertschätzung ganz unterschiedlich verarbeitet zu werden und auch in unterschiedlicher Weise auf Leistung zu wirken. Dies zeigten Sommer und Baumeister (2002) in einem Laborexperiment. Die Versuchsteilnehmer und Versuchsteilnehmerinnen hatten Aufgaben zu lösen, dabei wurde ihre Aufmerksamkeit auf persönliche Ablehnungserfahrungen gerichtet. Personen mit hoher Selbstwertschätzung reagierten in der Situation, in der sie an diese negativen Ereignisse erinnert wurden „trotzig": Sie bewerteten sich selbst besonders positiv, waren bei einer schwierigen Aufgabe besonders hartnäckig und lösten relativ viele weitere Aufgaben korrekt.

Die Erinnerungen an Ablehnungserfahrungen wirkte sich bei Personen mit niedriger Selbstwertschätzung ganz anders aus: Sie reagierten mit Selbstabwertung und waren wenig erfolgreich bei der Bearbeitung der gestellten Aufgaben. Offensichtlich waren sie für das Erleben von Ablehnung besonders sensibel und reagierten in dieser Situation selbstschädigend – ihre Leistung wurde beeinträchtigt.

12.3 Selbstwertschätzung und die Bereitschaft, Hilfe anzunehmen

Viele Aufgaben im Leben kann man allein nicht meistern, mit Hilfe anderer wären sie aber zu bewältigen. Das Empfangen von Hilfe ist mit offenkundigem Nutzen verbunden – man wird bei der Aufgabenbewältigung unterstützt. Allerdings ist das auch mit möglichen Kosten verbunden: Die Tatsache, dass man nicht allein in der Lage ist, die Aufgabe zu lösen, kann als Selbstwertbedrohung empfunden werden. Der jeweils helfenden Person, welche die nötige Unterstützung zu geben in der Lage ist, fühlt sich der Hilfeempfänger möglicherweise unterlegen und dadurch in seiner Selbstwertschätzung beeinträchtigt. Nadler (1997) bezeichnet diese Situation als „Dilemma zwischen dem Bedürfnis nach Hilfe in einer konkreten Situation und den psychologischen Kosten des Annehmens von Hilfe". Wie er zeigte, spielen Situationsvariablen im Umgang mit diesem Dilemma eine wichtige Rolle (Nadler, 1987). Menschen erleben Situationen dann als besonders bedrohlich, wenn Hilfe durch Personen erfolgt, deren Status geringer ist; wenn sie Hilfe ohne Gegenleistung annehmen oder wenn sie die Ursachen der Hilfsbedürftigkeit in der eigenen Person sehen (Fisher et al., 1982; Fuhrer, 1994). Wie hängt nun das Annehmen von Hilfe mit der Höhe der Selbstwertschätzung zusammen?

Die Konsistenz- und die Vulnerabilitätshypothese
In Bezug auf die Rolle der Selbstwertschätzung bei der Annahme von Hilfe werden zwei konkurrierende Hypothesen diskutiert: Die Konsistenzhypothese und die Vulnerabilitätshypothese.

Konsistenz. Die Konsistenzhypothese betont, dass insbesondere Personen mit hoher Selbstwertschätzung das Annehmen von Hilfe als unpassend zu ihrem Selbstkonzept und deshalb als unangenehm empfinden. Nadler (1987) zeigte, dass Personen mit hoher Selbstwertschätzung dann besonders wenig Hilfe in Anspruch nahmen, wenn die Helfenden ihnen ähnlich waren (sie müssten sich also fragen, warum sie selbst die Aufgabe nicht lösen konnten), und wenn Fähigkeiten tangiert waren, die ihnen besonders wichtig sind. Leichter fiel es Personen mit hoher Selbstwertschätzung, dann Hilfe anzunehmen, wenn sie sich später revanchieren konnten (Nadler et al., 1985). Besonders wenn über einen längeren Zeitraum hinweg immer wieder Hilfe in Anspruch genommen werden musste, waren Personen mit hoher Selbstwertschätzung weniger bereit, sie anzunehmen als solche mit niedriger.

Vulnerabilität. Nach der Vulnerabilitätshypothese hat das Annehmen von Hilfe für Menschen mit niedriger Selbstwertschätzung gravierendere Kosten als für Personen mit stark ausgeprägter Selbstwertschätzung; letztere sind sich ihrer Kompetenz in anderen Bereichen bewusst (Karabenick & Knapp, 1991). Belege für die Vulnerabilitätshypothese finden sich bei Aspinwall und Taylor (1992), die zeigten, dass Personen mit niedriger Selbstwertschätzung besonders aktiv nach sozialer Unterstützung suchen, wenn sie in Stresssituationen sind; Personen mit hoher Selbstwertschätzung suchen Hilfe nicht in dem Maße – für sie ist es zu bedrohlich.

Welche Hypothese ist nun besser belegt? Es lässt sich feststellen, dass beide Erklärungsansätze sich nur scheinbar widersprechen – sie stellen lediglich unterschiedliche Aspekte der Suche nach Hilfe in den Vordergrund. Offenbar gilt, dass sowohl hohe als auch niedrige Selbstwertschätzung mit Problemen bei der Beanspruchung von Hilfe verbunden ist.

Instabile Selbstwertschätzung und Überbeanspruchung von Hilfe

In ihrer Dissertation an der TU Chemnitz wies Sellin (2003) auf weitere Unterschiede bezüglich Selbstwertschätzung und Hilfeannahme hin. Sie führte eine Befragung dazu durch, wie Studierende sich bei Studienschwierigkeiten verhalten und beobachtete außerdem das Verhalten bei einer im Labor gestellten Aufgabe zu sozialen Fähigkeiten. In Bezug auf die Person des Hilfeempfängers differenzierte sie mehrere Varianten der Selbstwertschätzung: instabile Selbstwertschätzung, egozentrische Selbstaufwertung und stabile Selbstakzeptanz (vgl. Kap. 14.3).

Personen mit Selbstaufwertungstendenzen (Narzissmus) suchten in besonders geringem Umfang Hilfe bei anderen, hingegen tendierten Personen mit instabiler Selbstwertschätzung dazu, besonders viel Hilfe zu suchen und besonders wenig eigene Lösungsversuche zu unternehmen. Sellin (2003) spricht in diesem Zusammenhang von einer Überbeanspruchung von Hilfe in Zusammenhang mit instabiler Selbstwertschätzung und einer Unterbeanspruchung in Zusammenhang mit Selbstaufwertung.

12.4 Wenn hohe Selbstwertschätzung ungünstig auf Leistung wirkt

Hohe Selbstwertschätzung ist im Allgemeinen mit relativ hohen Leistungen verbunden. Es gibt allerdings auch Situationen, in denen eine positive Selbstbewertung hinderlich für optimale Ergebnisse ist. Beispiele hierfür sind Beharrlichkeit und das Setzen (zu) hoher Ziele: Hoher Selbstwert führt dazu, bei Misserfolg nicht gleich aufzugeben, sondern beharrlich an den eigenen Erfolg zu glauben. In Situationen, in denen aufgrund äußerer Faktoren Erfolg nicht möglich ist, kann das problematisch werden. McFarlin et al. (1984) gaben Versuchsteilnehmern eine Reihe von Aufgaben, von denen einige unlösbar waren. Die Instruktion lautete, in begrenzter Zeit möglichst viele Aufgaben zu lösen. In diesem Fall war es kontraproduktiv, beharrlich zu bleiben und nicht aufgeben, weil Zeit verloren wurde und insgesamt weniger Aufgaben gelöst werden konnten. Ähnliche Situationen können auftreten, wenn jemand einer unerwiderten Liebe nachtrauert, auf eine sinkende Aktie setzt oder Soldaten in eine bereits verlorene Schlacht schickt.

12.5 Umgang mit Misserfolgen

Mit Misserfolg gehen Personen mit hoher Selbstwertschätzung anders um als solche mit niedriger Selbstwertschätzung. McFarlin und Blascovich (1981) fanden in einem Experiment heraus, dass Personen mit niedriger Selbstwertschätzung nach Misserfolg ihre Erwartungen reduzierten und weniger optimistisch waren, beim nächsten Mal erfolgreich zu sein. Ganz anders reagierten Personen mit hoher Selbstwertschätzung. Ihre Reaktion wirkte wie ein trotziges „Jetzt erst recht!"; sie waren überzeugt, dass ihnen die Lösung in der nächsten Runde gelingen würde.

Die Möglichkeit, auszuweichen. Ein anderes Muster zeigte sich allerdings, wenn Versuchspersonen Wahlmöglichkeit hatten: In einer Pause nach einem Misserfolg bei einer ersten Aufgabe hatten Versuchsteilnehmer die Möglichkeit, sich entweder weiter mit der gleichen Aufgabe zu beschäftigen – oder eine andere zu wählen. In diesem Fall waren es überwiegend die Personen mit niedriger Selbstwertschätzung, die an nicht gelösten Aufgaben weiterarbeiteten. Ihnen schien es wichtig, in den Bereichen, in denen sie Misserfolge gehabt hatten, ihre Schwächen auszugleichen und dazuzulernen. Personen mit hoher Selbstwertschätzung jedoch wandten sich anderen Aufgaben zu. Sie hatten offensichtlich genügend andere Bereiche, in denen sie sich positiv beurteilen konnten, so dass es ihnen leichter möglich war, den Bereich zu ignorieren, in dem sie nicht erfolgreich waren.

13 Selbstwertschätzung und Selbstüberschätzung

Was Sie in diesem Kapitel erwartet

„When you are great, people often mistake candor for bragging." („Wenn du großartig bist, dann hält man deine Aufrichtigkeit für Prahlerei.") Diese Aussage aus dem Cartoon Calvin und Hobbes verdeutlicht das Problem der Selbstüberschätzung. Viele Menschen mit hoher Selbstwertschätzung bewerten sich sehr positiv und glauben, dass sie von ihrer Umgebung unterschätzt werden. Die Grenze zur Selbstüberschätzung ist dabei fließend. Tendenzen der Selbstüberschätzung bzw. der optimistischen Selbsteinschätzung sind weit verbreitet und also gewissermaßen normal (vgl. Taylor, 1989).

13.1 Was ist Selbstüberschätzung?

Sich stark positiv zu beurteilen muss nicht Selbstüberschätzung sein – vielleicht besitzt man tatsächlich überragende Qualitäten und wird auch von anderen sehr positiv beurteilt (Effekt beim Beurteilten), oder vielleicht hat man ja ein sehr positives Menschenbild und beurteilt nicht nur sich, sondern alle sehr positiv (Effekt beim Beurteiler).

Unterschiedliche Definitionen. Selbstüberschätzung wird in den einzelnen Studien unterschiedlich definiert und dementsprechend unterschiedlich erschlossen. Teils wird die Person gefragt, wie sie sich im Vergleich zu anderen beurteilt: Herr Meyer beurteilt sich positiver als andere, also ist er ein Selbstüberschätzer. Teils werden sowohl die Person als auch andere Personen über sie befragt, und diese Selbst- und Fremdurteile werden miteinander verglichen: Herr Meyer beurteilt sich positiver als er von anderen gesehen wird. Im ersten Fall wird Selbstüberschätzung im Hinblick auf den sozialen Vergleich definiert, im zweiten im Hinblick auf die Genauigkeit der Selbstwahrnehmung.

Was bei diesen Maßen problematisch ist, illustrieren Kwan et al. (2004) am Beispiel von Charles Darwin. In seiner Autobiographie schrieb Darwin über sich, dass er über mittelmäßige Fähigkeiten verfüge. Andere beurteilte er aber noch kritischer: Er war der Meinung, dass er dem Durchschnittsmenschen deutlich überlegen sei. Darwin sah sich also positiver als andere – ist er ein Selbstaufwerter? Historiker schreiben über Darwin, dass er der Prototyp eines Genies sei. Unterschätzte Darwin sich also? Wir sehen, dass wir je nach Vergleichsbasis zu unterschiedlichen Schlussfolgerungen kommen können.

Auf der Grundlage des Modells Sozialer Beziehungen schlagen Kwan et al. (2004) vor, die generellen Effekte (Beurteilungsstil und objektive Fähigkeiten) abzuziehen und nur die darüber hinausgehenden Effekte als tatsächliche Selbstüberschätzung zu klassifizieren. Es zeigte sich nämlich, dass die verschiedenen Indikatoren der Selbstüberschätzung (sozialer Vergleich, Genauigkeit der Selbstwahrnehmung) wenig gemein haben und jeweils mit unterschiedlichen typischen Verhaltensweisen einhergehen. Diejenigen, die nicht nur sich, sondern alle sehr positiv beurteilten, legen großen Wert auf soziale Beziehungen und berichten über gute zwischenmenschliche Kontakte. Diejenigen, die von anderen sehr positiv beurteilt wurden, waren bei der Lösung verschiedener Aufgaben besonders erfolgreich, sie sind also sehr talentierte und herausragende Personen. Diejenigen, die über diese Effekte hinaus Selbstaufwertung betrieben (also sich positiver beurteilten, als sie andere beurteilten und sich positiver beurteilten als sie von anderen gesehen wurden), wurden dann als Selbstüberschätzer definiert. Diese Form der Selbstaufwertung stand in keinem Zusammenhang mit Beziehungsqualität, jedoch mit Aufgabenlösung in negativem Zusammenhang – wer sich also tatsächlich überschätzt, hat weder bessere noch schlechtere Beziehungen als andere, ist aber bei der Aufgabenbearbeitung schlechter als andere.

13.2 Narzissmus und Selbstüberschätzung

DEFINITION

Narzissmus: Gefühl der Überlegenheit bei großer Verletzlichkeit.

Kennzeichnend für Narzissmus ist die Tendenz zur Selbstüberschätzung. Narzissmus ist unter anderem als Gefühl der Überlegenheit definiert. Interessant ist aber, dass Narzissten sich anderen gegenüber durchaus nicht in jeder Hinsicht überlegen fühlen (Campbell, Rudich & Sedikides, 2002). „Besser als andere" erleben sich Narzissten im Bereich von Eigenschaften, die eine individuelle und instrumentelle Orientierung ausdrücken (Extraversion, Offenheit für Erfahrung, Intelligenz), nicht aber im Bereich von Eigenschaften, die eine eher expressive und relationale Orientierung ausdrücken (Verträglichkeit, Moralität, Gewissenhaftigkeit). Etwas vereinfachend lässt sich zusammenfassen, dass sich Narzissten zwar hinsichtlich ihrer individuellen Fähigkeiten für überlegen halten, dass sie jedoch (realistischerweise) nicht der Meinung sind, besonders gut mit anderen Menschen auszukommen. Aber Selbstwertschätzung allgemein ist mit positiven Selbsteinschätzungen über alle Dimensionen hinweg verbunden.

> **!** Narzissmus ist mit Selbstaufwertung im Bereich individueller Fähigkeiten, nicht aber im Bereich sozialer Beziehungen verbunden.

Geschichte des Narzissmus-Konzepts

Narziss, der in sein Spiegelbild verliebte Jüngling der griechischen Mythologie, stand Pate für das von Ellis (1927) eingeführte Konzept einer autoerotischen Persönlichkeitsstörung. Heute verwendet man den Begriff einerseits zur Beschreibung einer Persönlichkeitsstörung, andererseits zur Beschreibung einer bestimmten Ausprägung einer Persönlichkeitsdimension, die nicht notwendigerweise klinisch auffällig ist.

Narzisstische Persönlichkeitsstörung. Freud (1914/2001) integrierte das Konzept des Narzissmus in seine Theorie frühkindlicher Entwicklung und verhalf ihm so zu großer Bekanntheit. Später wurde Narzissmus als Kernkonzept der Ich-Entwicklung definiert (Kernberg, 1975; Kohut, 1971). Dabei wird einem gesunden Narzissmus, der sich in Selbstliebe und Fähigkeit zur Entwicklung intimer Beziehungen manifestiert, die narzisstische Persönlichkeitsstörung gegenübergestellt. Personen mit narzisstischer Persönlichkeitsstörung sind nach tiefenpsychologischem Verständnis gekennzeichnet durch Größenphantasien einerseits und unterdrückte Gefühle der Minderwertigkeit andererseits (vgl. Freud, 1914/2001;

Kernberg, 1975). Als Diagnosekategorie ist die narzisstische Persönlichkeitsstörung ein Muster subjektiv erlebter Großartigkeit, dem Bedürfnis nach Bewunderung und Mangel an Einfühlungsvermögen (DSM-IV).

BEISPIEL

Narzisstische Selbstwahrnehmung. In einer Studie beschreibt sich Versuchsperson 19 mit Codenamen Siegfried in der dritten Person wie folgt: „Am liebsten versucht er sein Leben ganz für sich zu gestalten, ohne das von anderen bestimmen zu lassen. Und das bekommen andere auch deutlich zu spüren, wenn sie seine Grenzen betasten. Er ist jemand, der kaum Kompromisse eingeht, weil er Kompromisse für etwas sehr Faules hält. Er hat auch keine Angst vor Ablehnung, selbst wenn ganze Gruppen ihn ablehnen. Im Gegenteil, es fordert ihn meist noch heraus. Er ist sehr vielfältig im musischen und auch sehr gern im handwerklichen Bereich (…) Er will alles selbst machen. Es gibt nichts, wozu er eigentlich einen Handwerker braucht oder irgendeinen (…) Für ihn sind männliche Attribute sehr wichtig (…) Er ist jemand, der sich sehr schwierig mit Bindungen tut, nicht mit Verbindlichkeiten, sondern mit Bindungen. Und er ist sicherlich auch vorwiegend ein Kopfmensch, der sehr viele Dinge, die er tut und macht, immer mit dem Kopf filtert. Weniger so ein Bauchmensch.“

Alltäglicher Narzissmus

In populären Büchern wurde in letzter Zeit argumentiert, dass Narzissmus nicht nur als psychische Störung im klinischen Sinne zu sehen sei, sondern auch im Alltag zu beobachten. Insbesondere in modernen westlichen Gesellschaften seien auch in der Normalpopulation deutliche Züge narzisstischer Selbstbespiegelung oder Selbstüberschätzung zu beobachten. In diesem Sinne charakterisiert Lasch (1992), Professor für Geschichte an der Universität in Rochester und Autor populärer Bücher, die USA als narzisstische Gesellschaft. Der Psychoanalytiker Schmidbauer (1981) spricht auch in Bezug auf Deutschland von „alltäglichem Narzissmus". Nuber (1993), Redakteurin der populären Zeitschrift „Psychologie Heute", bezeichnet den egoistischen Narzissten als den Persönlichkeitstyp der 1990er Jahre und warnt vor der Gefahr antisozialer Selbstverwirklichung.

Auch wissenschaftliche Studien zeigen deutlich, dass die Tendenz zur Überschätzung der eigenen Person nicht auf Persönlichkeitsstörungen beschränkt ist (vgl. Asendorpf & Ostendorf, 1998). Alltäglicher (subklinischer) Narzissmus wird verstanden als Variante hoher Selbstwertschätzung, die mit einem Gefühl der Überlegenheit und dem Wunsch nach Bewunderung, aber auch mit Verletzlichkeit und sozial unverträglichen Verhaltensweisen verknüpft ist (z. B. Morf &

Rhodewalt, 2001). Paulhus (2001) beschreibt Narzissten pointiert als extravertierte, gleichzeitig aber sozial unverträgliche Menschen, die sich selbst positiv und andere negativ sehen.

> **!** Narzissmus ist gekennzeichnet durch hohe Extraversion und geringe Verträglichkeit sowie durch positive Selbstbewertung und negative Bewertung anderer.

Zwischen Narzissmus und Selbstwertschätzung bestehen starke Überlappungen (Raskin et al., 1991). Narzissmus ist sozusagen als ungünstige Variante einer positiven Einstellung zu sich selbst zu sehen – als eine Variante, die mit problematischen Mustern des Erlebens und Verhaltens einhergeht (vgl. Morf & Rhodewalt, 2001).

Die Persönlichkeitseigenschaft Narzissmus wird häufig mit dem Fragebogen Narcissistic Personality Inventory erfasst (Raskin & Hall, 1981; dt. Fassung Schütz, Marcus & Sellin, im Druck). Er enthält Aussagen, die extrem positive Selbstbeurteilungen in verschiedenen Bereichen reflektieren. Narzissmus drückt sich unter anderem in der Zustimmung zu diesen Selbstbewertungen aus. Typische Aussagen sind z. B.:

▶ „Ich bestehe darauf, dass mir gebührende Achtung entgegengebracht wird."
▶ „Jeder hört mir gern zu."
▶ „Ich bin eine außergewöhnliche Persönlichkeit."

Welche Verhaltensmuster gelten als narzisstisch?

Personen mit hohen Narzissmuswerten zeichnen sich durch Überschätzung der eigenen Attraktivität und Intelligenz (Gabriel et al., 1994) und des eigenen Beitrags zu einer Gruppenleistung aus (John & Robins, 1994). Im zwischenmenschlichen Umgang sind egoistische Attributionen, Feindseligkeit oder mangelnde Empathie (vgl. Watson & Morris, 1991) typisch.

Besonders wichtig scheint Narzissten Bewunderung. Insofern schwankt ihre Leistung in Abhängigkeit von der Möglichkeit öffentlicher Anerkennung (Wallace & Baumeister, 2002): Nur wenn die Möglichkeit besteht, bewundert zu werden, zeigen sie großen Einsatz. Generell ist es ihnen in sozialen Situationen wichtiger, bewundert als gemocht zu werden. Sogar für Partnerschaften gilt, dass Narzissten eher Bewunderung als Nähe suchen (Campbell, 1999). Ihr Beziehungsstil ist durch Macht, Autonomie, Manipulation und Untreue gekennzeichnet (Campbell, Foster & Finkel, 2002). Beziehungen scheinen für sie vor allem unter der Perspektive eigenen Nutzens gesehen zu werden.

Auf soziale Zurückweisung reagieren Narzissten stärker mit Ärger und Aggression als Nichtnarzissten; und auf Selbstwertbedrohungen reagieren sie aggressiv (Bushman & Baumeister, 1998). Werden sie in wichtigen Aufgaben übertroffen, versuchen sie, Konkurrenten abzuwerten (Morf & Rhodewalt, 1993; South et al., 2003).

DEFINITION

Narzissmus ist eine dysfunktionale Variante hoher Selbstwertschätzung.

13.3 Besser als andere – Selbstüberschätzung oder Unterschätzung anderer?

> Gott, ich danke Dir, dass ich nicht wie andere Menschen bin,
> ungerechte Betrüger, usw. oder wie dieser Steuereintreiber.
>
> Lukas 18.11

Selbstüberschätzung als Höherbewertung der eigenen Person im Vergleich zu anderen hat eine lange Tradition und ist noch heute ein sehr aktuelles Thema. Kennedy, Professor für Geschichte an der Yale University, sieht Selbstbewusstsein und Selbstüberschätzung als ein in den USA häufig zu beobachtendes Phänomen. Er spricht von Selbstgerechtigkeit der USA in den Verhandlungen mit anderen Nationen etwa bei UNO-Gesprächen. Kennedy spricht davon, dass globale Probleme anstehen und die Selbstüberschätzung der amerikanischen Politik nicht mehr lange gut gehen könne. Globale Herausforderungen, aber auch Herausforderungen im Zusammenhang mit Armut und Reichtum innerhalb der USA werden zunehmend dringender (Der Spiegel, 36/1997).

Auch im individuellen Bereich zeigt sich, dass die meisten Menschen glauben, sie seien besser als der Durchschnitt. Eine Telefonumfrage von CBS-News zum Interesse der amerikanischen Bevölkerung an Details der Affäre von Bill Clinton und Monika Lewinsky und an sonstigen Details aus dem Sexualleben des damaligen Präsidenten ergab, dass nur sieben Prozent der Befragten eigenes Interesse angaben. Aber 25 Prozent sagten, andere seien sehr interessiert an derartigen „schmutzigen Informationen". Der durchschnittliche Mensch meint also, besser zu sein als der durchschnittliche Mensch – ein Widerspruch in sich selbst.

 Die meisten Menschen glauben, sie seien besser als der Durchschnitt.

Man überschätzt eher sich selbst als andere zu unterschätzen

Der Frage, ob Diskrepanzen zwischen Selbst- und Fremdeinschätzung dadurch zustande kommen, dass man sich überschätzt oder dass man andere unterschätzt, wurde in weiteren Studien nachgegangen.

Untersuchung (1). In den USA wird an manchen Colleges ein Narzissen-Tag durchgeführt. An diesem Tag verkaufen Studierende Narzissen, die Erträge werden für wohltätige Zwecke verwendet. Epley und Dunning (2000) befragten 251 Studierende, ob sie sich am Kauf von Blumen beteiligen werden und ob ihre Mitstudierenden nach ihrer Schätzung sich ebenfalls beteiligen würden. 83 Prozent sagten, dass sie sich beteiligen würden, nur 56 Prozent erwarteten dies von den anderen Studierenden. Tatsächlich wurden aber nur von 43 Prozent Studierenden Blumen gekauft. Das bedeutet, dass sich die Studierenden weit überschätzten, ihre Mitstudierenden überschätzten sie ebenfalls, aber weniger stark.

Gefragt wurde auch, wieviele Blumen sie kaufen würden und wieviele Blumen schätzungsweise andere Studierende kaufen würden. Im Schnitt sagten die Befragten, dass sie selbst zwei, andere schätzungsweise nur 1,6 Blumen kaufen würden. Tatsächlich wurde durchschnittlich nur 1,2 Blumen gekauft (vgl. Tab. 13). Auch in diesem Fall überschätzten sich die Befragten. Die Vorhersagen über andere waren auch zu positiv, entsprachen aber noch eher der Realität. Die Diskrepanz zwischen Selbst- und Fremdeinschätzung scheint also eher daran zu liegen, dass man sich überschätzt, als dass man andere unterschätzt.

Untersuchung (2). In einer weiteren Studie des Teams erhielten 38 Personen einen verschlossenen Umschlag mit fünf Dollar als Entlohnung für ihre Teilnahme an der Studie und ein Informationsblatt. Darin stand, dass sie, falls sie das

Tabelle 13. Ergebnisse der Studie von Epley und Dunning (2000). Studierende überschätzen ihre Spendierbereitschaft, ihre Mitstudenten schätzen sie realistischer ein

	Vorhersage	Verhalten
Wahrscheinlichkeit, mit der ich mindestens eine Narzisse kaufe	83 %	43 %
Wahrscheinlichkeit, mit der andere eine Narzisse kaufen	56 %	
Anzahl der Narzissen, die ich kaufen werde	2,0	1,2
Anzahl der Narzissen, die die anderen kaufen werden	1,6	

möchten, einen Teil ihrer Bezahlung an einen gemeinnützigen Verein spenden könnten. In dem Fall sollten sie den entsprechenden Betrag wieder im verschlossenen Umschlag abgeben (die Daten wurden anonymisiert). Eine andere Versuchsgruppe hatte die gleichen Bedingungen, nur war für sie die Frage nach einer Spende hypothetisch. Eine dritte Gruppe hatte nicht am Versuch teilgenommen und auch nicht das Geld erhalten und sollte nur angeben, ob sie bereit wären, einen Teil der fünf Dollar, die sie für die Versuchsteilnahme erhalten würden, für gemeinnützige Zwecke zu spenden. Möglich war jeweils, zwischen 0 und 5 Dollar zu spenden. Das Ergebnis war, dass durchschnittlich 1.53 Dollar gespendet wurde. Im Schnitt gaben die Teilnehmenden an, dass sie selbst 2.44 Dollar, andere aber nur 1.83 Dollar spenden würden. Wie im ersten Experiment wurden andere relativ genau eingeschätzt, die eigene Person aber zu positiv beurteilt.

Insgesamt zeigt sich, dass Selbstüberschätzung ein verbreitetes Phänomen ist. Die Einschätzung anderer gelingt besser als die Prognose eigenen Verhaltens. Die Beurteilung anderer scheint relativ realistisch, die Selbstbeurteilung hingegen häufig beschönigend zu sein. Das gilt insbesondere für Personen mit hoher Selbstwertschätzung. Menschen überschätzen die Wahrscheinlichkeit, sich selbst großzügig, freundlich und selbstlos zu verhalten, beurteilen andere aber relativ zutreffend. Zu fragen ist deshalb, ob die Prognose eigenen Verhaltens eine Selbstaufwertung vor einem Publikum (z. B. dem Versuchsleiter) ist, oder ob die Akteure selbst an ihre Prognose glauben. Mit anderen Worten: Fraglich ist, ob es sich um Selbstdarstellung oder Selbsttäuschung handelt (vgl. Gur & Sackheim, 1979).

 Vergleicht man Selbst- und Fremdeinschätzungen mit objektiven Daten, so zeigt sich ein genereller Trend zu Selbstaufwertung. Die Bewertung anderer liegt relativ nahe am tatsächlichen Wert.

13.4 Selbstaufwertung – günstig oder problematisch?

Inwiefern kann Selbstaufwertung mit Problemen für die Person verbunden sein? Je nach Definition von Selbstaufwertung und entsprechendem Zugang ergibt sich ein anderes Bild: Wenn Selbstaufwertung als Konsequenz eines sozialen Vergleichs verstanden und nur die Person befragt wird (die Person überschätzt sich im Vergleich zu anderen), kann gezeigt werden, dass diese mit ihrer Einstellung im Allgemeinen recht gut leben und zufrieden sind (Taylor & Brown, 1988). Wenn die Selbstaufwertung als ungenaue Selbstwahrnehmung verstanden wird, also die Selbsteinschätzung mit der Einschätzung durch andere Personen verglichen wird, so stellt sich heraus, dass diese oft unbeliebt sind, zumindest auf den zweiten Blick (vgl. Kap. 13.6; Paulhus, 1998). Die Ergebnisse zeigen, dass je nach Zugang unterschiedliche Schlüsse gezogen werden können.

Vergleich mit objektiven Kriterien. Als weitere Möglichkeit, Selbstaufwertung festzustellen, schlagen Gramzow et al. (2003) vor, die Selbstbeurteilung mit objektiven Leistungen zu vergleichen. Sie verglichen Personen, die ihre objektiven Leistungen im Studium überschätzten, mit solchen, die ihre Leistungen zutreffender beurteilten. Sie stellten fest, dass 45 Prozent der Studierenden ihre ihnen bekannten Leistungen in einem Standardtest übertrieben und nur 9 Prozent untertrieben. Besonders Personen mit früheren schlechten Ergebnissen und Personen mit hoher Leistungsmotivation tendierten zu Übertreibung. Die Autoren folgerten, dass Selbstüberschätzung dem Selbstwertschutz und der Selbstwerterhöhung dienen kann. Die Tendenz, sich aufzuwerten, mag hohen Ansprüchen entspringen oder dazu dienen, frühere Misserfolge auszugleichen. Musch et al. (2002) sprechen in diesem Zusammenhang von Selbsttäuschung. Selbsttäuschung im Sinne einer Selbstüberschätzung wird in den folgenden Aussagen ausgedrückt:

▶ „Ich bin ein vollkommen rational denkender Mensch.“
▶ „Ich weiß immer, warum ich etwas mag.“
▶ „Der erste Eindruck, den ich von anderen Menschen gewinne, bewahrheitet sich meistens.“

13.5 Selbstüberschätzung und Arbeiten im Team

Bei Teamarbeit kann positive Selbsteinschätzung dann ein Problem sein, wenn die eigene Leistung überschätzt und die anderer unterschätzt wird. Personen mit Selbstaufwertungstendenzen (Narzissmus) neigen dazu, ihre Leistungen bei einer Gruppenaufgabe zu überschätzen und die der anderen zu unterschätzen – für ihre Kollegen und Kolleginnen sind sie dann oft schwer zu ertragen, weil sie deren Leistung wenig anerkennen.

Wahrnehmung des eigenen Beitrags. John und Robins (1994) zeigten, dass Personen mit narzisstischen Tendenzen in Gruppendiskussionen ihren eigenen Beitrag als besonders relevant erachteten. Aus diesem Ergebnis lässt sich ableiten, dass positive Selbsteinschätzung und Selbstüberschätzung auch mit sozialem Konfliktpotential verbunden sind. Wird der eigene Beitrag überschätzt, dann wird meist der Beitrag anderer unterschätzt. Interaktionspartner werden nicht angemessen gewürdigt. Verhält sich eine Führungskraft so, kann das zu Motivationsverlusten im Team führen.

Das NASA-Spiel

In einer Studie von Robins und Beer (2001) sollten die Teilnehmer ein Problem-Szenario bearbeiten, das auch als „NASA-Spiel" bekannt ist. Die Instruktion lautete folgendermaßen: „Sie sind Mitglied eines Raumfahrtteams, das sich mit dem Mutterschiff auf der Mondoberfläche treffen sollte. Wegen technischer Schwierigkeiten mussten sie 200 Meilen vom verabredeten Treffpunkt entfernt landen. Durch die Notlandung wurde Ihr Schiff beschädigt, ebenso ein Großteil der Ausrüstung. Nur 15 Dinge blieben unbeschädigt. Sie müssen nun möglichst schnell das Mutterschiff erreichen und daher entscheiden, welche Gegenstände mitgenommen werden sollen. Bewerten Sie die Bedeutung der folgenden Gegenstände. Die Entscheidung sollte gemeinsam, von jeweils fünf Gruppenmitgliedern, getroffen werden."

Insgesamt nahmen 360 Personen an dieser Untersuchung teil. In den Fünfergruppen fand nach Abschluss der Aufgabe eine Selbst- und Fremdbeurteilung statt. Jedes Mitglied beurteilte sich und die anderen in Bezug auf den Beitrag zur Lösung der Aufgabe. Danach wurde verglichen, ob die einzelnen Teilnehmer ihren Beitrag, gemessen an der Beurteilung, die sie durch andere erhielten, über- oder unterschätzten. Anhand dieser Prozedur wurden die Teilnehmer in so genannte „Überschätzer" und „Unterschätzer" unterteilt.

Überschätzer sind ehrgeiziger. Es zeigte sich, dass 31 Prozent der Teilnehmer ihren Beitrag überschätzten, 9 Prozent unterschätzten ihn und 60 Prozent schätzen ihren Beitrag relativ genau ein. Es wurde weiter untersucht, wie sich die Selbstüberschätzer und -unterschätzer in der Aufgabe verhielten. Selbstüberschätzer waren engagierter und ehrgeiziger als Unterschätzer. Ihnen war es besonders wichtig, die Aufgabe gut zu lösen. Weiterhin tendierten Selbstüberschätzer dazu, ihren erfolgreichen Beitrag eher mit Fähigkeiten als mit den Umständen zu erklären. Sie waren nach der Aufgabe in positiverer Stimmung als die übrigen Teilnehmer.

Langfristige Wirkung auf Leistung. Robins & Beer (2001) überprüften auch die Folgen von Selbstüberschätzung im Verlauf des Studiums. Sie begleiteten mehr als 500 Studierende über vier Jahre. Die Leistungen der Selbstüberschätzer waren objektiv gesehen zu Beginn der Untersuchung nicht wesentlich besser als die anderer Studierender, gingen aber mit selbstwertdienlichen Erklärungen einher: Erfolge wurden mit eigenen Fähigkeiten, Misserfolge mit den Umständen erklärt. Im Laufe der Zeit stellten sich ungünstige Begleiterscheinungen ein:

Selbstüberschätzer hielten Anstrengung für weniger wichtig und Noten für immer unbedeutender, nach dem Motto ‚Die Trauben sind ja sowieso sauer‘. Ihre Selbstwertschätzung sank (vermutlich durch Misserfolge und Diskrepanzerfahrungen) schließlich ebenso wie ihr Wohlbefinden allmählich ab. Insgesamt zeigte sich, dass Selbstüberschätzung langfristig mit abnehmender Selbstwertschätzung und geringerem Wohlbefinden sowie nachlassendem Engagement für universitäre Belange verbunden war. Anscheinend sind derartige Formen extrem positiver Selbsteinschätzung zwar mit kurzfristigem Nutzen (Selbstaufwertung), gleichzeitig aber langfristigen Kosten verbunden.

13.6 Kurz- und langfristige Wirkung auf andere

Paulhus (1984) zeigte in seinen Längsschnittstudien, dass Menschen, die sich sehr positiv einschätzen, zwar anfangs auf andere ebenfalls sehr positiv wirken, dass dieser Eindruck aber nicht lange vorhielt.

In einer seiner Studien wurden 24 Gruppen mit jeweils vier bis fünf Personen gebildet, die sich über einen Zeitraum von sieben Wochen zu Diskussionsrunden trafen. Insgesamt nahmen 124 Studierende teil. Bei jedem Treffen der Gruppen wurde ein Thema vorgegeben (z. B. Beschreibung von Familienangehörigen und Freunden, Problemlösen, positive und negative Eigenheiten der eigenen Person, Sorgen und Anliegen). Nach dem ersten und nach dem siebenten Treffen erhielten alle Teilnehmenden Listen und sollten darauf das eigene Verhalten bei den Diskussionen und das aller anderen Teilnehmenden beurteilen. Selbstaufwerter wurden definiert als Personen, die sich auf Narzissmus- und Selbstaufwertungsskalen (vgl. 13.2) sehr positiv einschätzten und sich außerdem positiver beurteilten als sie von anderen beurteilt wurden. Verglichen mit anderen wurden Selbstaufwerter beim ersten Treffen relativ positiv bewertet. Beim siebenten Treffen kehrte sich der Effekt um, der positive Eindruck verblasste mit der Zeit; bei den anderen Teilnehmern war es umgekehrt – ihre positiven Seiten wurden erst allmählich wahrgenommen.

In einer zweiten Studie wurde ähnlich vorgegangen. Zusätzlich bekam jeder Teilnehmer einen Persönlichkeitsfragebogen mit nach Hause und sollte zwei gute Bekannte um vertrauliche Beurteilungen bitten (die von den Bekannten direkt an die Forschungsstelle geschickt wurden). Personen, die sich selbst positiver beurteilten als ihre Bekannten das taten, wurden als Selbstaufwerter eingestuft. Auch bei ihnen zeigte sich, dass sie im Laufe einer Reihe von Treffen zunehmend kritischer beurteilt wurden.

> **!** Selbstüberschätzung ist kurzfristig mit positiver Wirkung auf andere
> verbunden, langfristig aber mit negativer. Häufig gilt also, dass von sich
> sehr überzeugte Menschen ihre Mitmenschen anfangs faszinieren, später
> ihnen aber auf die Nerven gehen.

Wenn der erste Eindruck in den Ruin treibt

Da Selbstüberschätzung mit hohem Ehrgeiz und Optimismus verbunden ist,
wirken Personen, die sich überschätzen, auf andere sehr kompetent und ver-
trauenswürdig. Erst nach einer Zeit macht sich bemerkbar, dass die positiven
Eigenschaften überzogen sind.

Die Münchener Psychologen Dieter Frey und Mitarbeiter argumentieren, dass
Selbstglorifizierung ein häufiges Merkmal im Bereich von Spekulationsgeschäf-
ten sei (SZ, Nr. 201, 1996). Sorglosigkeit und extremer Optimismus kämen dazu,
Selbstkritik sei selten (vgl. auch Schulz-Hardt & Frey, 2000). Die Sorglosigkeit
kann so weit gehen, dass die Personen selbst wie auch jene, die ihnen vertrauen,
große Verluste erleiden.

BEISPIEL

Nick Leeson, junger Spekulant beim alteingesessenen Bankhaus der Gebrüder
Barrings, wurde als Genie gefeiert. Nach anfänglichen hohen Gewinnen
machte er jedoch Verluste. Diese buchte er auf ein anderes Konto um und
versuchte, sie durch hochriskante Engagements auszugleichen, was nur teilweise gelang. Erst als er am 24. 2. 1995 verschwand, bemerkte die Bank den
Verlust von 1,8 Milliarden DM. Wenig später wurde er in Frankfurt festge-
nommen und nach Singapur ausgeliefert, wo er eine Haftstrafe wegen Betrugs
und Urkundenfälschung antreten musste. (Handelsblatt vom 6. 4. 1999)

14 Die verschiedenen Formen der Selbstwertschätzung

Was Sie in diesem Kapitel erwartet

Selbstwertunterschiede wurden in den Wissenschaften bislang vor allem in Bezug auf das Selbstwertniveau diskutiert – also bezüglich der Frage, wie positiv sich jemand beurteilt. Es wird allerdings deutlich, dass das Niveau allein nur begrenzte Aussagen zulässt und Untersuchungen zum Teil widersprüchliche Ergebnisse hervorbringen (vgl. vorherige Kapiteln). Deshalb wird in neueren Untersuchungen Selbstwertschätzung zunehmend differenziert betrachtet: Eine Person kann sich sehr positiv beurteilen, aber ist ihre Selbstwertschätzung tatsächlich hoch? Inwiefern handelt es sich bei der Selbstwertschätzung um Selbstwertschätzung im Sinne einer stabilen Selbstakzeptanz? Es handelt sich also um differenziertere Definitionen von Selbstwertschätzung (vgl. Kap. 1).

14.1 Fundierte oder defensive Selbstwertschätzung?

Mehrere Autoren haben argumentiert, dass es nicht genügt, das Ausmaß der Selbstwertschätzung zu bestimmen, sondern dass verschiedene qualitativ unterschiedliche Varianten der Selbstwertschätzung zu differenzieren seien. Kernis (2003) beschäftigt sich in einem Artikel mit der Frage, was „optimaler Selbstwert" sei. Er betont, dass Selbstwerthöhe als alleiniges Kriterium nicht ausreicht und verschiedene Formen hoher Selbstwertschätzung unterschieden werden müssen, die ungleich adaptiv sind (vgl. auch Schütz, 2003).

Selbstwertschätzung als Fassade. Mehrere Autoren haben entsprechende Vorschläge gemacht und vermutet, dass es Menschen gibt, deren hohe Selbstwertschätzung defensiven Charakter hat, weil sie Unsicherheit hinter einer Fassade der Selbstsicherheit verbergen wollen (vgl. Harder, 1984; Horney, 1950; Schneider & Turkat, 1975). Forsman und Johnson (1996) stellen die Frage, inwieweit für einen Menschen seine Selbstwertschätzung gegeben („einfach da") ist, oder ob er der Ansicht ist, diese erst verdienen zu müssen („basic self-esteem" versus „earning self-esteem").

Typische Aussagen zu den Dimensionen Basic Self-Esteem und Earning Self-Esteem (nach Forsman und Johnson, 1996)

Basic Self-Esteem	▶ „Ich finde es einfach, zu den Forderungen oder Erwartungen anderer nein zu sagen." ▶ „Ich bin zufrieden, dass ich so bin, wie ich bin."
Earning Self-Esteem	▶ „Es stärkt mein Selbstwertgefühl beträchtlich, wenn man mich mag." ▶ „Ich glaube, dass mein Selbstwertgefühl leiden würde, wenn ich arbeitslos würde."

Harder (1984) argumentiert, dass manche Menschen zwar betonen, sie seien mit sich zufrieden, dass das aber mehr Fassade als Überzeugung sei. Er unterscheidet Personen wie folgt: Die einen präsentieren sich sozial erwünscht und geben sich zufrieden, die anderen sind nicht bereit, auf Erwartungen anderer einzugehen, um deren Anerkennung zu erwerben; sie bewerten sich unabhängig von der Beurteilung durch andere positiv. Eine derartige Differenzierung ist diagnostisch schwierig, da sie sich dem Selbstbericht entzieht. Neue Testverfahren, die automatische Assoziationen mit Hilfe von Reaktionszeitmessung untersuchen (Schütz & Schröder, im Druck b), bieten hier evtl. Möglichkeiten der genaueren Differenzierung.

14.2 Abhängigkeit und Unabhängigkeit der Selbstwertschätzung

Bei mehreren der getroffenen Unterscheidungen der Selbstwertschätzung ist das Konzept der Abhängigkeit versus Unabhängigkeit von Bedeutung. Zum Beispiel macht eine Person ihre Selbstwertschätzung abhängig von vergänglichen Quellen wie Schönheit oder von unsicheren Quellen wie Anerkennung durch andere. In gewissem Gegensatz dazu betonen Menschen mit narzisstischen Tendenzen zwar, nicht an der Meinung anderer interessiert zu sein und verhalten sich unsensibel, reagieren aber sehr stark auf Kritik. Starke Abhängigkeit von anderen kann zum Problem werden. Das andere Extrem, nämlich völlig uninteressiert an den Belangen anderer zu sein, scheint aber keinesfalls eine sinnvolle Alternative darzustellen.

Individualität und Sozialität

In einem neueren Ansatz des Depressionsforschers Beck (Beck et al., 1983) spielen Probleme bei zu großer und zu geringer Verbundenheit mit anderen eine Rolle. Beck identifiziert zwei Stile, denen eine ungünstige Verarbeitung von Ereignissen zugrunde liegen und die in der Folge starke emotionale Reaktionen begünstigen: Individualität und Sozialität. Diese Stile können als Risikofaktoren bezüglich depressiver Reaktionen gelten. Sie sind nicht zu verstehen als unveränderliche Persönlichkeitstypen, sondern beschreiben die Aspekte, die zu einem gegebenen Zeitpunkt dominant im Hinblick auf das Erleben und Verhalten eines Menschen sind.

Die Dimension Individualität beinhaltet Bestrebungen und Ziele einer Person, die auf Orientierung und Beschäftigung mit sich selbst gerichtet sind. Die Entwicklung von Fähigkeiten oder Interessen, die andere Menschen einschließen können, ist von untergeordneter Bedeutung: Der Blick ist auf die eigene Person gerichtet. Andere Personen werden nur insofern berücksichtigt, als sie zum Verwirklichen eigener Ziele nützlich sind.

Mit Sozialität sind Einstellungen, Haltungen und Ziele gemeint, die ein Individuum an andere Personen binden und es abhängig von den Beziehungen zu anderen machen. Es geht darum, dass man Befriedigung aus interpersonalen Interaktionen, aus dem Gefühl von Nähe, Verständnis, Anerkennung sowie Hilfe durch andere erfährt.

DEFINITION

Individualität: Ausrichtung auf die eigene Person.

Sozialität: Ausrichtung auf andere Personen.

Nach der Theorie von Beck sind extreme Ausprägungen in beiden Richtungen (Autonomie oder Soziotropie) problematisch, da beide Extreme im Zusammenhang mit depressiven Tendenzen stehen. Sowohl starke Orientierung an anderen und deren Vorstellungen als auch das Gegenteil, zu starke Unabhängigkeit von anderen, kann problematische Folgen haben. Differenzierte Analysen zeigen allerdings, dass die Faktoren dabei eine unterschiedliche Rolle spielen: Angst vor Missbilligung erwies sich als ein besonders problematischer Aspekt der Soziotropie. Unabhängigkeit von der Kontrolle anderer erwies sich ebenfalls als problematisch. Individualistische Leistungsorientierung hingegen wirkte eher günstig und als Stresspuffer. Neue Studien zeigen, dass Soziotropie, bedingt durch starke Sorge um Missbilligung bei großem Wunsch nach Verbundenheit, in verschiedenen Altersgruppen ein Risikofaktor für das Auftreten von Depression ist. Autonomie war jedoch nur bei jungen Erwachsenen ein Risikofaktor (Mazure & Maciejewski, 2003). Es wird angenommen, dass Probleme in sozialen Beziehungen und fehlende soziale Unterstützung ihrerseits zu depressivem Erleben führen können. Diese Erkenntnisse können wichtig sein, wenn günstige und ungünstige Varianten der Selbstwertschätzung, die im Hinblick auf Unabhängigkeit versus Verbundenheit variieren, differenziert werden sollen.

Tabelle 14. Die Stile Individualität und Sozialität (Beck et al., 1983). Beck und seine Kollegen haben eine Skala entwickelt, mit denen die Dimensionen Individualität und Sozialität gemessen werden. Beide Dimensionen bestehen ihrerseits aus einzelnen Faktoren

Dimension	Faktoren	Beispielaussagen
Autonomie (Individualität)	Individualistische Leistungsorientierung	„Mir ist es wichtiger selbst zu wissen, dass ich gute Arbeit geleistet habe, als dass andere es wissen."
	Unabhängigkeit von der Kontrolle anderer	„Ich mag es nicht, wenn Menschen in meine Privatsphäre eindringen."
	Vorliebe für das Alleinsein	„Wenn ich krank bin, will ich am liebsten allein gelassen werden."
Soziotropie (Sozialität)	Angst vor Missbilligung	„Wenn ich mit anderen zusammen bin, suche ich nach Signalen, die erkennen lassen, ob sie gerne mit mir zusammen sind."
	Angst vor Trennung	„Es ist mir unangenehm, wenn ich zum Wochenende keine Pläne habe, mich mit anderen zu treffen."
	Anderen gefallen wollen	„Es fällt mir schwer, nein zu sagen."

14.3   Drei Varianten hoher Selbstwertschätzung

Die Unterscheidung mehrerer Formen der Selbstwertschätzung, die auch Aspekte der Abhängigkeit von anderen betrifft, war ebenfalls Gegenstand eigener Untersuchungen (Schütz, 2003). Dabei wurden nach Einzelfallanalysen folgende drei Gruppen hoher Selbstwertschätzung unterschieden.

Instabile Selbstwertschätzung. Die Selbstwertschätzung der Person ist zwar hoch, ist aber von äußeren Ereignissen abhängig, schwankt also in Abhängigkeit von diesen Ereignissen. Anerkennung durch andere, Kritik, Erfolge oder Misserfolge führen zu Hebung oder Senkung des Selbstwertes, was die Betroffenen empfindlich und verletzlich bezüglich derartiger Ereignisse macht. Obwohl sie sich positiv bewerten, leiden sie unter Selbstzweifeln. In Paarbeziehungen sind sie abhängig von der Unterstützung durch den Partner.

Egozentrische Selbstaufwertung. Diese Personen beschreiben sich hoch positiv, und es fällt auf, dass sie eigene Schwächen negieren. Potentiell problematisches Verhalten interpretieren sie um oder rechtfertigen es. Sie geben sich stark sozial unabhängig. Kritik von anderen, so sagen sie, berühre sie nicht, weil sie sich nur nach ihrem eigenen Standard richten. Anerkennung seitens anderer ist für sie nicht wichtig. In Interaktionen mit anderen sind diese Personen auf Selbstdurchsetzung bedacht und verhalten sich kritisch bei der Beurteilung anderer. Ähnlichkeiten zum Konzept Narzissmus fallen auf (vgl. Kap. 13.2).

Stabile Selbstakzeptanz. Menschen dieser Gruppe zeigen ausgeprägte Akzeptanz der eigenen Person. Eigene Schwächen werden gesehen, was aber bei ihnen – anders als bei Personen mit instabiler Selbstwertschätzung – nicht zu grundsätzlichen Selbstzweifeln führt. In Reaktion auf andere Meinungen oder äußere Einflüsse sind sie weder extrem abhängig noch extrem unabhängig. Sie nehmen Lob und Kritik zur Kenntnis, reagieren auf Erfolge oder Misserfolge, indem sie diese als Hinweise ernst nehmen, ohne sich dadurch in ihrer Selbstwahrnehmung erschüttern zu lassen. Im Umgang mit anderen sind sie durch kompromissbereites Verhalten gekennzeichnet. Im Gegensatz zu den Personen der anderen Gruppen akzeptieren sie eigene Schuldanteile.

 Unter den Selbstwertgruppen instabile Selbstwertschätzung, egozentrische Selbstaufwertung und stabile Selbstakzeptanz erweist sich letztere als am günstigsten.

15 Wenn Selbstwertschätzung zum Problem wird

Was Sie in diesem Kapitel erwartet

„The self is the friend of the self and the self is also the enemy of the self. None but the self can save the self." („Man ist sich selbst Freund, aber auch Feind und kann sich doch nur selbst retten.") Diese an einem indischen Tempel zu lesende Inschrift zum Selbst verdeutlicht die Zweischneidigkeit selbstbezogener Aspekte. Selbstregulationsprozesse, Selbstwahrnehmungen, Selbstbewertungen können positiv genutzt werden, können aber auch zu ungünstigen, sich aufschaukelnden Prozessen führen.

In diesem Kapitel soll das prototypische Erlebens- und Verhaltensmuster in Zusammenhang mit niedriger und hoher Selbstwertschätzung zusammenfassend dargestellt werden. Dann folgt das Soziometer-Modell, das die Selbstwertschätzung auf erlebte Wertschätzung durch andere zurückführt. Anschließend wird die Bedeutung der Selbstwertschätzung auf individueller und gesellschaftlicher Ebene diskutiert, und Maßnahmen zur Veränderung von problematischer Selbstwertschätzung werden kurz skizziert.

15.1 Erleben und Verhalten bei niedriger Selbstwertschätzung

Menschen mit niedriger Selbstwertschätzung haben häufig kein klares Bild von sich. Sie sind sich nicht sicher, wo genau ihre Stärken und Schwächen liegen und haben teils widersprüchliche Selbstbilder (Campbell, 1990). Relativ selten ist der Fall deutlicher Selbstablehnung. Wo diese gegeben ist, steht sie häufig in Zusammenhang mit depressiven Symptomen. Im Normalfall besteht diese starke Ablehnung nicht, und dies äußert sich in Fragebogenantworten darin, dass eher positive selbstbezogene Aussagen abgelehnt als negativen Aussagen zugestimmt werden.

Sicherheit statt Exzellenz. Menschen mit niedriger Selbstwertschätzung zeichnen sich durch eine vorsichtige Grundhaltung aus: Wichtiger ist ihnen, Missbilligung zu vermeiden als Anerkennung zu erzielen. Nach dem Motto „Bloß nicht negativ auffallen!" bemühen sie sich häufig darum, unauffällig durchs Leben zu gehen, verpassen dabei aber auch Gelegenheiten, ihre positiven Seiten zur Geltung zu bringen. Ihnen geht es um Sicherheit, nicht um Exzellenz.

Da sie stets an sich zweifeln und sich unsicher sind, inwieweit sie von anderen angenommen werden, sind sie ständig bemüht, anderen zu gefallen und akzeptiert zu werden. Die permanente Suche nach Bestätigung stellt allerdings häufig selbst eine Belastung für Beziehungen dar und führt dann zu deren Verschlechterung.

Leistung. Auch im Leistungsbereich ergeben sich häufig ungünstige Rückkoppelungsprozesse. Zweifel an den eigenen Fähigkeiten und die Angst zu scheitern führen einerseits dazu, dass die Betroffenen sich Ziele setzen, die unter ihren Kompetenzen liegen und sie somit ihre Fähigkeiten nicht voll nutzen. Andererseits können derartige Ängste von der Aufgabenbearbeitung ablenken und den befürchteten Misserfolg wahrscheinlicher machen. Insgesamt führt dieser Stil dazu, dass die Leistungen der Betroffenen unter deren Potential bleiben.

Tritt der befürchtete Misserfolg ein, tendieren Menschen mit niedriger Selbstwertschätzung dazu, die Ursache bei sich selbst zu suchen. Schlechte Leistung resultiert daher meist in einem globalen Gefühl der Wertlosigkeit. Fehlschläge führen deshalb zu Verunsicherung, reduzierten Erwartungen und zum Vorschnellen Resignieren. Das bedingt wiederum niedrigere Leistungsbereitschaft und geringe Leistung in späteren Situationen.

Fazit. Insgesamt lässt sich also festhalten, dass Menschen mit niedriger Selbstwertschätzung sich in den wenigsten Fällen hassen, aber wenig überzeugt sind von den eigenen Qualitäten. Ihr Blick ist mehr auf die Behebung ihrer Fehler als auf den Ausbau von Stärken gerichtet. Misserfolg entmutigt sie. Ihr Verhalten und Erleben wirken insofern oft rätselhaft oder scheinen von Widersprüchen gekennzeichnet (Baumeister, 1993). Ihr Dilemma besteht darin, dass sie sich Erfolg wünschen und beliebt sein möchten, ihre Erfolgschancen aber als sehr gering einschätzen. Um sich vor wiederkehrenden Enttäuschungen zu schützen, verhalten sie sich häufig so, dass sie ihre eigenen Ziele torpedieren und sich schaden.

15.2 Erleben und Verhalten bei hoher Selbstwertschätzung

Menschen mit hoher Selbstwertschätzung beurteilen sich insgesamt positiv. Sie halten die Fähigkeiten, über die sie verfügen, für wichtig und sind überzeugt davon, dass andere sie mögen. Ihr Blick ist eher darauf gerichtet, was sie erreichen und gewinnen können, als darauf, was schief gehen könnte. Risiken scheuen sie nicht, da Misserfolg für sie in der Regel nicht zur globalen Selbstabwertung führt. Erleben sie Fehlschläge, so sind sie überrascht und führen diese eher auf äußere Umstände als auf eigene Defizite zurück. Sie tendieren dann dazu, ihre Aufmerksamkeit auf andere Bereiche zu richten (Spencer et al., 1993). Hinweise auf eigene Schwächen ignorieren oder vergessen sie leicht.

Gesteigertes Bemühen. Personen mit hoher Selbstwertschätzung reagieren auf Fehlschläge mit gesteigertem Bemühen und dem festen Glauben an zukünftigen Erfolg. Häufig führt diese Strategie zum erwarteten Erfolg. Ist eine Aufgabe aber nicht zu lösen, kann die Tendenz, nicht aufgeben zu wollen, in destruktiver Beharrlichkeit resultieren. Positive Selbstbewertung kann auch dann schaden, wenn noch unbekannte Aufgaben gelöst werden müssen: Menschen mit hoher Selbstwertschätzung halten Erfolg für selbstverständlich und bereiten deshalb Aufgaben nicht genügend vor.

Fazit. Insgesamt wird hohe Selbstwertschätzung meist als günstig und wünschenswert erachtet. Dies gilt insbesondere für die stabile Variante der Selbstwertschätzung. Defensive und fragile Varianten, die durch Selbstaufwertungstendenzen oder Instabilität gekennzeichnet sind, erweisen sich als problematisch. Sie stehen in Zusammenhang mit Verhaltensweisen wie Defensivität in Bezug auf eigenes Fehlverhalten, Aggression und Abwertung anderer.

15.3 Das Gefühl, akzeptiert zu sein – das Soziometer-Modell

DEFINITION

Soziometer: Indikator des Eingebundenseins in soziale Beziehungen.

Wie kommen Menschen zu ihrer Selbstwertschätzung? Von Leary, Tambor, Terdal, und Downs (1995) wurde das Soziometer-Modell der Selbstwertschätzung vorgeschlagen. Dabei wird angenommen, dass Selbstwertschätzung ein Indikator dafür ist, wie sehr ein Mensch in soziale Bezugssysteme eingebunden ist. Das Bedürfnis nach Zugehörigkeit ist evolutionär gesehen grundlegend, so wird sozialer Ausschluss als negativ und bedrohlich erlebt. Niedrige Selbstwertschätzung zeigt an, dass eine Person sich ausgeschlossen oder abgelehnt fühlt; hohe Selbstwertschätzung deutet darauf hin, dass eine Person sich sozial akzeptiert fühlt. Im Soziometer-Modell wird niedrige Selbstwertschätzung auch als Folge sozialer Zurückweisung gesehen.

15.4   Problematische Selbstwertschätzung – Auswege

Da niedrige Selbstwertschätzung in Zusammenhang mit Depression, Ängstlichkeit und Drogenmissbrauch stehen, gibt es in unterschiedlichen Rahmen Bemühungen, Selbstwertschätzung zu erhöhen. Auf staatlicher Ebene werden Förderprogramme durchgeführt, Trainingsprogramme und Psychotherapien nehmen sich des Themas an, und zahlreiche Ratgeber werden herausgegeben. Doch wie hängt niedrige Selbstwertschätzung eigentlich mit persönlichen Problemen wie Drogenmissbrauch zusammen? Und: Warum geht es vor allem um Veränderung von niedriger Selbstwertschätzung? Auch hohe Selbstwertschätzung kann problematisch sein, folglich auch veränderungsbedürftig.

Niedrige Selbstwertschätzung: Ursache oder Folge von Problemen?

Leary, Schreindorfer und Haupt (1995) argumentieren, dass niedrige Selbstwertschätzung nicht die Ursache dieser Probleme sei, sondern lediglich eine Begleiterscheinung. Vielmehr sei sozialer Ausschluss Ursache sowohl von niedriger Selbstwertschätzung als auch von den Problemen wie Ängstlichkeit und Einsamkeit. Selbstwertschätzung wird hier als Warnsystem gesehen, welches anzeigt, wie es jemandem innerhalb einer Gruppe geht.

Wechselwirkung. Aber was bedeutet sozialer Ausschluss? Ist jemand wirklich ausgeschlossen, wenn er sich ausgeschlossen fühlt? Bekanntlich werden Situationen unterschiedlich bewertet, z. B. abhängig davon, wie hoch das Selbstwertniveau ist (Schütz & Sellin, 2003). Von Bedeutung sind also realer wie auch imaginierter sozialer Ausschluss. Das Gefühl von Einsamkeit hängt weniger mit der Zahl der tatsächlichen Kontakte zusammen als mit dem Gefühl, isoliert zu sein (Sarason et al., 1987). Dieses steht wiederum mit niedriger Selbstwertschätzung in Zusammenhang. Insofern kann ein Teufelskreis der Art entstehen, dass ein Mensch mit niedriger Selbstwertschätzung sich einsam fühlt und vorhandene Kontakte als wenig tragfähig einstuft. Beispielsweise werden ambivalente Verhaltensweisen oder Bemerkungen eher als Kritik denn als Unterstützungsangebot wahrgenommen. Als Folge solcher ungünstiger Interpretationen fühlt sich der Mensch noch mehr abgelehnt und einsam.

Es muss also von einer Wechselwirkung zwischen sozialem Ausschluss und Selbstwertniveau ausgegangen werden. Um genauere Aufschlüsse über diese Beziehungen zu erhalten, wäre die Durchführung von Längsschnittuntersuchungen über einen längeren Zeitraum sinnvoll.

Selbstschädigendes Verhalten. Das Gefühl des Ausgeschlossenseins kann zu problematischen Verhaltensweisen führen (Leary, Schreindorfer & Haupt, 1995). Beispielsweise bemühen sich die Betroffenen darum, von anderen akzeptiert zu werden – indem sie Dinge tun, die ihnen langfristig schaden, z. B. schließen sie sich einer delinquenten Gruppe an, um „dazuzugehören". Auch Alkohol- und Drogenmissbrauch kann ein Versuch sein, von anderen akzeptiert zu werden oder die negativen Gefühle des Ausgeschlossenseins abzuwehren.

Baumeister et al. (2003) betonen darüber hinaus, dass niedrige Selbstwertschätzung Folge sozialer Probleme sein kann. So kann der Missbrauch von Drogen zu schlechten Leistungen führen und zu Misserfolgserlebnissen, die dann wiederum niedrige Selbstwertschätzung bedingen. Insgesamt ist auch hier von Wechselwirkungen auszugehen.

Aggression. Während Leary, Schreindorfer und Haupt (1995) argumentieren, dass Personen mit niedriger Selbstwertschätzung häufig aggressiv seien, weisen Bushman und Baumeister (1998) auf Aggression in Zusammenhang mit positiver Selbstbewertung hin. Differenzierte Analysen zeigen, dass insbesondere bedrohte und instabile (z. B. narzisstisch getönte) hohe Selbstwertschätzung bzw. das Erlebnis von Selbstwertverlusten eine Ausgangsbedingung ist, die mit aggressivem Verhalten verbunden ist.

Selbstwerterhöhung als gesellschaftliches Programm?

Auf gesellschaftlicher Ebene wurden als Auswirkungen niedriger Selbstwertschätzung Probleme wie Aggression, schlechte Schulleistungen, Gesundheitsprobleme, Suchtverhalten, Essstörungen, Teenager-Schwangerschaft, Ehekonflikte und Ähnliches angenommen. Die California Task Force versuchte vor diesem Hintergrund in den 80er Jahren mit Hilfe von Selbstwert-Erhöhungsprogrammen vielerlei Probleme zu lösen. Letztlich musste man aber konstatieren, dass die Zusammenhänge zwischen Selbstwert und gesellschaftlichen Problemen schwach sind (Mecca et al., 1989). Offensichtlich ist es zu einfach, gesellschaftliche Probleme monokausal auf Selbstwertprobleme zurückführen zu wollen.

Macht hoher Selbstwert Menschen besser? Politische und gesellschaftliche Strömungen führten in den letzten Jahrzehnten in den USA insgesamt zu einer enormen Beachtung des Themas Selbstwert und zu intensiven Bemühungen um Selbstwerterhöhung. Twenge und Campbell (2001) überprüften die Folgen solcher und anderer gesellschaftlicher Veränderungen und verglichen, inwiefern sich der Trend der Selbstwertung in den USA verändert hat. Sie stellten fest, dass Studierende sich 1994 deutlich positiver bewerteten als Studierende sich 1968 bewertet hatten. Vor dem Hintergrund dieser Ergebnisse stellen sie die provokante Frage, ob die Welt durch die allgemeine Selbstwerthebung besser geworden sei. Sie stellen fest: Personen mit hoher Selbstwertschätzung gehen nicht generell positiver mit ihrer sozialen Umwelt um und sind keine angenehmeren Mitmenschen als solche mit niedriger Selbstwertschätzung.

Selbstwerterhöhung – die Ratgeber

Leidensdruck entsteht vor allem in Zusammenhang mit niedriger Selbstwertschätzung. Hier bietet sich großer Beratungsbedarf und damit ein großer Markt für Ratgeberliteratur. Mit Titeln wie „Mit neuem Selbstvertrauen anderen Menschen begegnen", „Von der Kunst, sich selbst zu lieben" oder „Selbstsicher handeln. Erfolgreich in Beruf und Alltag" geben die Schriften Tipps zur Hebung der Selbstwertschätzung.

Im Rahmen ihrer Diplomarbeit verglich Meyer (1996), was solche Ratgeber propagieren und was wissenschaftlich untersuchten Trainingsprogrammen (z. B. Hinsch & Wittmann, 2003) zu entnehmen ist. Viele der empfohlenen Methoden in den Ratgebern sind durchaus sinnvoll: Sie beinhalten Verträge mit sich selbst; Listen über erwünschtes Verhalten; Führen eines Tagebuchs; Einsatz von Tonband, Spiegel oder Entspannungsverfahren; Rollenspiele und anderes.

Defizite der Ratgeber. Neben individuell zu gestaltenden Übungen finden sich darin allerdings auch Empfehlungen, die vorformulierte Antworten enthalten und quasi nahe legen, sich diesen entsprechend zu verhalten. Diese Variante der Ratgeber dürfte im Hinblick auf ihre langfristigen Effekte weniger günstig sein, weil sie nicht auf den Ausbau individueller Ressourcen gerichtet ist. Ungünstig scheint auch, dass kaum ein Ratgeber empfiehlt, bei größeren Problemen professionelle Hilfe in Anspruch zu nehmen. Interessant ist ferner, dass die Ratgeberliteratur ausschließlich Probleme niedriger Selbstwertschätzung thematisiert – positive Selbstbewertung, z. B. wenn sie narzisstisch getönt ist, wird dort nicht als Problem gesehen.

Therapeutische Ansätze zur Veränderung

Menschen mit niedriger Selbstwertschätzung tendieren zu ungünstigen Ursachenzuschreibungen. Misserfolg führen sie auf sich selbst („Ich bin dumm"), Erfolg auf äußere Umstände zurück („Ich hatte Glück"). Wissenschaftlich untersuchte Trainingsprogramme wie auch Psychotherapien setzen häufig an solchen Erklärungsstilen an (Seligman, 1991). Dabei soll die Tendenz verringert werden, Ursachen für Misserfolge in der eigenen Person zu sehen.

Abgeleitet aus dem Soziometer-Modell kann es ferner sinnvoll sein, bei Problemen in Zusammenhang mit niedriger Selbstwertschätzung nicht direkt an der Selbstwertschätzung anzusetzen, sondern zu versuchen, die sozialen Verhaltensweisen der Personen und damit ihre Beziehungen zu verändern bzw. die Wahrnehmung der Beziehungen und den Umgang mit Akzeptanz und Ablehnung zu beeinflussen (vgl. Leary, Schreindorfer & Haupt, 1995).

Abbau von Generalisierungen. Menschen mit niedriger Selbstwertschätzung generalisieren ihre Schwächen in Teilbereichen und kommen so zu einer negati-

ven Gesamtbewertung ihrer Person. Therapien verschiedener Richtungen, insbesondere kognitive Therapien, zielen darauf ab, diese Tendenzen abzubauen.

Selbstwertstabilität als Ziel

Da hohe Selbstwertschätzung nicht uneingeschränkt als günstig gelten kann, ist eine simple Erhöhung der Selbstwertschätzung kein sinnvolles Ziel für Interventionsmaßnahmen. Anzustreben ist vielmehr der Aufbau stabiler Selbstwertschätzung auf sicherer Basis. Wichtig ist, dass der eigene Wert nicht in Abhängigkeit von Erfolgen oder Anerkennung steht und immer wieder verteidigt werden muss. Eine derartige Haltung zeichnet sich durch ein Mittelmaß an Abhängigkeit bzw. Unabhängigkeit aus. Eine solche stabile Selbstwertschätzung ist wenig abhängig von Faktoren wie Sportlichkeit, Schönheit, Anerkennung durch andere oder Erfolge und unterliegt somit geringen Schwankungen.

Eine solche Haltung steht häufig in Zusammenhang mit sicheren Bindungen (Brown, 1998). Erreicht werden kann sie auch durch kognitive Umstrukturierungen, wie sie beispielsweise bei der Rational-emotiven Therapie eine Rolle spielen (vgl. Ziegler, 2002). Die Betroffenen sollen zu einer Haltung kommen, bei der sie zu sich stehen – komme was wolle. Im Gespräch wird unter anderem die Absurdität irrationaler Annahmen („Wenn ich nichts leiste, bin ich wertlos", „Ich muss immer erfolgreich sein" etc.) disputiert und ad absurdum geführt. So sollen Klienten von übersteigerten Forderungen an sich selbst und kontingenten Bewertungen ablassen können und sich so akzeptieren, wie sie sind.

Epilog

Jedes Glück hat einen kleinen Stich.
Wir möchten so viel: Haben. Sein. Und gelten.
Dass einer alles hat: das ist selten.

Theobald Tiger (1927)
alias Kurt Tucholsky

Literatur

Abele, A. (1989). Wir haben gewonnen. Zur Kommentierung von Ergebnissen der Bundestagswahl 1987 durch die betroffenen Politiker. Zeitschrift für Sozialpsychologie, 20, 38–56.

Amabile, T. M. (1983). Brilliant but cruel: Perceptions of negative evaluators. Journal of Experimental Social Psychology, 19, 146–156.

Aquino, K., Tripp, T. M. & Bies, R. J. (2001). How employees respond to personal offense: The effects of blame attribution, victim status, and offender status on revenge and reconciliation in the workplace. Journal of Applied Psychology, 86, 52–59.

Arkin, R. M. (1981). Self-presentational styles. In J. T. Tedeschi (Ed.), Impression management theory and social psychological research (pp. 311–333). New York: Academic Press.

Arkin, R. M. & Baumgardner, A. (1986). Self-presentation and self-evaluation: Process of self-control and social control. In R. F. Baumeister (Ed.), Public self and private self (pp. 75–97). New York: Springer.

Aron, A., Paris, M. & Aron, E. N. (1995). Falling in love: Prospective studies of self-concept change. Journal of Personality & Social Psychology, 69, 1102–1112.

Asendorpf, J. B. & Ostendorf, F. (1998). Is self-enhancement healthy? Conceptual, psychometric, and empirical analysis. Journal of Personality and Social Psychology, 74, 955–966.

Asendorpf, J. B. & van Aken, M. A .G. (1993). Deutsche Versionen der Selbstkonzeptskalen von Harter. Zeitschrift für Entwicklungspsychologie und Pädagogische Psychologie, 25, 64–86.

Aspinwall, L. G. & Taylor, S. E. (1992). Modeling cognitive adaption: A longitudinal investigation of the impact of individual differences and coping on college adjustment and performance. Journal of Personality and Social Psychology, 63, 989–1003.

Baldwin, M. W. & Sinclair, L. (1996). Self-esteem and "if . . . then" contingencies of interpersonal acceptance. Journal of Personality and Social Psychology, 71, 1130–1141.

Baldwin, S. A. & Hoffmann, J. P. (2002). The dynamics of self-esteem: A growth-curve analysis. Journal of Youth and Adolescence, 31, 101–113.

Baltes, P. B. & Baltes, M. M. (1990). Psychological perspectives on successful aging: The model of selective optimization with compensation. In P. B. Baltes & M. M. Baltes (Eds.), Successful aging: Perspectives from the behavioral science (pp. 1–34). New York: Cambridge University Press.

Baumeister, R. F. (1989). The optimal margin of illusion. Journal of Social & Clinical Psychology, 8, 176–189.

Baumeister, R. F. (1993). Understanding the inner nature of low self-esteem: Uncertain, fragile, protective, and conflicted. In R. F. Baumeister (Ed.), Self-esteem: The puzzle of low self-regard (pp. 201–218). New York: Plenum Press.

Baumeister, R. F., Campbell, J. D., Krueger, J. I. & Vohs, K. D. (2003). Does high self-esteem cause better performance, interpersonal success, happiness, or healthier lifestyles? Psychological Science in the Public Interest, 4, 1–44.

Baumeister, R. F., Heatherton, T. F. & Tice, D. M. (1993). When ego threats lead to self-regulation failure: Negative consequences of high self-esteem. Journal of Personality and Social Psychology, 64, 141–156.

Baumeister, R. F., Hutton, D. G., Tice, D. M. (1989). Cognitive processes during deliberate self-presentation: How self-presenters alter and misinterpret the behavior of their interaction partners. Journal of Experimental Social Psychology, 25 (1), 59–78.

Baumeister, R. F. & Leary, M. R. (1995). The need to belong: Desire for interpersonal attachments as a fundamental human motivation. Psychological Bulletin, 117, 497–529.

Baumeister, R. F. & Muraven, M. (1996). Identity as adaption to social, cultural, and historical context. Journal of Adolescence, 19, 405–416.

Baumeister, R. F. & Schütz, A. (1997). Das tragische Paradoxon selbstzerstörerischen Verhaltens. Mythos und Realität. Psychologische Rundschau, 48, 67–83.

Baumeister, R. F. & Sommer, K. L. (1997). What do men want? Gender differences and two spheres of belongingness: Comment on Cross and Madson. Psychological Bulletin, 122, 38–44.

Baumeister, R. F. & Tice, D. M. (1985). Self-esteem and responses to success and failure: Subsequent performance and intrinsic motivation. Journal of Personality, 53, 450–467.

Beck, A. T., Epstein, N. & Harrison, R. (1983). Cognitions, attitudes and personality dimensions in depression. British Journal of Cognitive Psychotherapy, 1, 1–16.

Bernichon, T., Cook, K. E. & Brown J. D. (2003). Seeking self-evaluative feedback: The interactive role of global self-esteem and specific self-views. Journal of Personality and Social Psychology, 84, 194–204.

Berscheid, E. & Walster, E. (1974). A little bit about love. In T. Houson (Ed.), Foundations of interpersonal attraction (pp. 688–712). New York: Academic Press.

Bies, R. J. & Tripp, T. M. (1998). Revenge in organizations: The good, the bad, and the ugly. In R. W. Griffin & A. O'Leary-Kelly (Eds.), Dysfunctional behavior in organizations: Violent and deviant behavior (pp. 49–67). Greenwich: JAI Press.

Bittenbinder, E. (1999). Herrschaft und Gewalt: Psychotherapie mit vergewaltigten und gefolterten Frauen. Zeitschrift für Politische Psychologie, 7, 41–58.

Blaine, B. & Crocker, J. (1993). Self-esteem and self-serving biases in reactions to positive and negative events: An integrative review. In R. F. Baumeister (Ed.), Self-esteem: The puzzle of low self-regard (pp. 55–86). New York: Plenum Press.

Blanton, H. (2001). Evaluating the self in the context of another: The three-selves model of social comparison assimilation and contrast. In G. B. Moskowitz (Ed.), Cognitive social psychology: The Princeton Symposium on the Legacy and Future of Social Cognition (pp. 75–87). Mahwah, New Jersey: Erlbaum.

Brandtstädter, J. & Greve, W. (1992). Das Selbst im Alter: Adaptive und protektive Mechanismen. Zeitschrift für Entwicklungspsychologie und Pädagogische Psychologie, 23, 269–297.

Brooks-Gunn, J. & Lewis, M. (1984). The development of early visual self-recognition. Developmental Review, 4 (3), 215–239.

Brown, B. R. (1968). The effects of need to maintain face on interpersonal bargaining. Journal of Experimental Psychology, 4, 107–122.

Brown, J. (1998). The Self. Boston: McGraw Hill.

Burgner, D. & Hewstone, M. (1993). Young children's causal attributions for success and failure: "Self-enhancing" boys and "self-derogating" girls. British Journal of Developmental Psychology, 11, 125–129.

Bushman, B. J. & Baumeister, R. F. (1998). Threatened egotism, narcissism, self-esteem, and direct and displaced aggression: Does self-love or self-hate lead to violence? Journal of Personality and Social Psychology, 75, 219–229.

Butler, R. (1998). Age trends in the use of social and temporal comparison for self-evaluation: Examination of a novel developmental hypothesis. Child Development, 69, 1054–1073.

Button, E. J., Loan, P., Davies, J. & Sonuga-Barke, E. J. (1997). Self-esteem, eating problems, and psychological well-being in a cohort of schoolgirls aged 15–16: A questionnaire and interview study. International Journal of Eating Disorders, 21, 39–47.

Byrne, D. (1971). The attraction paradigm. New York: Academic Press.

Campbell, J. D. (1990). Self-Esteem and Clarity of the Self-Concept. Journal of Personality and Social Psychology, 59, 538–549.

Campbell, W. K. (1999). Narcissism and romantic attraction. Journal of Personality and Social Psychology, 77, 1254–1270.

Campbell, W. K., Foster, C. A. & Finkel, E. J. (2002). Does self-love lead to love for others?: A story of narcissistic game playing. Journal of Personality and Social Psychology, 83, 340–354.

Campbell, W. K., Rudich, E. A. & Sedikides, C. (2002). Narcissm, self-esteem, and the positivity of self-views: Two portraits of self-love. Personality and Social Psychology Bulletin, 28, 358–368.

Caspi, A., Bem, D. J. & Elder, G. H. (1989). Continuities and consequences of interactional styles across the life course. Journal of Personality, 57, 375–406.

Christensen, A. & Heavey, C. L. (1993). Gender differences in marital conflict: The demand/withdraw interaction patter. In S. Oskamp & M. Costanzo (Eds.), Gender issues in contemporary society (pp. 113–141). Thousand Oaks: Sage Publications.

Cialdini, R. B., Borden, R. J., Thorne, A. & others (1999). Basking in reflected glory: Three (football) field studies. In R. F. Bau-

meister (Ed.), The self in social psychology (pp. 436–445). Philadelphia: Psychology Press.

Cialdini, R. B. & Richardson, K. D. (1980). Two indirect tactics of image management: Basking and blasting. Journal of Personality and Social Psychology, 39, 406–415.

Cloninger, C. R., Svrakic, D. M. & Przybeck, T. R. (1993). A psychobiological model of temperament and character. Archives of General Psychiatry, 50, 975–990.

Cole, D. A., Maxwell, S. E., Martin, J. M., Peeke, L. G., Seroczynski, A. D., Tram, J. M., Hoffman, K. B., Ruiz, M. D., Jacquez, F. & Maschman, T. (2001). The development of multiple domains of child and adolescent self-concept: A cohort sequential longitudinal design. Child Development, 72, 1723–1746.

Coopersmith, S. (1967). The antecedents of self-esteem. San Francisco: Freedman.

Crocker, J. (2002). The costs of seeking self-esteem. Journal of Social Issues, 58, 597–615.

Crocker, J. & Wolfe, C. T. (2001). Contingencies of self-worth. Psychological Review, 108, 593–623.

Crocker, J., Karpinski, A., Quinn, D. M. & Chase, S. (2003). When grades determine self-worth: Consequences of contingent self-worth for male and female engineering and psychology majors. Journal of Personality and Social Psychology, 85, 507–516.

Cross, S. E., Bacon, P. L. & Morris, M. L. (2000). The Relational-Interdependent Self-Contrual and Relationships. Journal of Personality and Social Psychology, 78, 791–808.

Cross, S. E. & Madson, L. (1997). Models of the self: Self-construals and gender. Psychological Bulletin, 122, 38–44.

Cross, S. E. & Morris, M. L. (2003). Getting to Know You: The Relational Self-Construal, Relational Cognition, and Well-Being. Personality and Social Psychology Bulletin, 29, 512–523.

Deci, E. L. & Ryan, R. M. (1995). Human autonomy: The basis for true self-esteem. In: M. H. Kernis (Ed.), Efficacy, agency, and self-esteem (pp. 31–49). New York: Plenum Press.

DeLongis, A., Folkman, S. & Lazarus, R. (1988). The impact of daily stress on health and mood: Psychological and social resources as mediators. Journal of Personality and Social Psychology, 54, 486–495.

Dion, K. L. & Dion, K. K. (1988). Romantic love: Individual and cultural perspectives. In R. Sternberg & M. J. Barnes (Eds.), The psychology of love (pp. 264–289). New Haven: Yale University Press.

Dodgson, P. G. & Wood, J. V. (1998). Self-esteem and the cognitive accessibility of strengths and weaknesses after failure. Journal of Personality and Social Psychology, 75, 178–197.

Dörner, D. (1993). Die Logik des Misslingens. Reinbek: Rowohlt.

Dörner, D. (1999). Bauplan für die Seele. Reinbek: Rowohlt.

Dörner, D., Bartl, C., Detje, F. (2002). Die Mechanik des Seelenwagens. Eine neuronale Theorie der Handlungsregulation. Bern: Huber.

Du Bois, D. L., Tevendale, H. D., Burk-Braxton, C., Swenson, L. P. & Hardesty, J. L. (2000). Self-system influences during early adolescence: Investigation of an integrative model. Journal of Early Adolescence, 20, 12–43.

Dweck, C. S. (1986). Motivational processes affecting learning. American Psychologist Special Issue: Psychological science and education, 41, 1040–1048.

Dweck, C. S. (1999). Self-theories: Their role in motivation, personality and development. Philadelphia: Psychology Press.

Dykman, B. M. (1998). Integrating cognitive and motivational factors in depression: Initial tests of a goal-orientation approach. Journal of Personality and Social Psychology, 74, 139–158.

Ehrlinger, J. & Dunning, D. (2003). How chronic self-views influence (and potentially mislead) estimates of performance. Journal of Personality and Social Psychology, 84, 5–17.

Eldridge, K. A. & Christensen, A. (2002). Demand-withdraw communication during couple conflict: A review and analysis. In P. Noller, & J. A. Feeney (Eds.), Understanding marriage: Developments in the study of couple interaction (pp. 289–322). New York: Cambridge University Press.

Ellis, A. (1977). Rational-emotive therapy: Research data that supports the clinical and personality hypotheses of RET and other modes of cognitive-behavoir therapy. Counseling Psychologist, 7, 2–42.

Ellis, H. (1927). The concept of narcissism. Psychoanalytic Review, 14, 129–153.

Epley, N. & Dunning, D. (2000). Feeling "holier than thou": Are self-serving assessments produced by errors in self- or social predictions? Journal of Personality and Social Psychology, 79, 861–875.

Fend, H., Renkl, A., Helmke, A., Schrader, F. W. & Schnabel, K. U. (1997). Schulleistung und Fähigkeitsselbstbild – Universelle Beziehungen oder kontextspezifische Zusammenhänge? Literaturüberblick, Ergebnisse aus dem SCHOLASTIK-Projekt, Kommentar. In F. E. Weinert & A. Helmke (Hrsg.), Entwicklung im Grundschulalter (S. 359–388). Weinheim: Beltz PVU.

Filipp, S.-H. (1979). Entwurf eines heuristischen Bezugrahmens für Selbstkonzept-Forschung: Menschliche Informationsverarbeitung und naive Handlungstheorie. In S.-H. Filipp (Hrsg.), Selbstkonzept-Forschung: Probleme, Befunde, Perspektiven (S. 129–152). Stuttgart: Klett-Cotta.

Filipp, S.-H. (1980). Entwicklung von Selbstkonzepten. Zeitschrift für Entwicklungspsychologie und Pädagogische Psychologie, 12, 105–125.

Filipp, S.-H. & Frey, D. (1988). Das Selbst. In K. Immelmann, K. Scherer & C. Vogel

(Hrsg.), Psychobiologie (S. 415–454). München: Urban & Fischer.

Fisher, J. D., Nadler, A. & Whitcher-Alagna, S. (1982). Recipient reaction to aid. Psychological Bulletin, 91, 27–54.

Fleming, J. S. & Courtney, B. E. (1984). The dimensionality of self-esteem: II. Hierarchical facet model for revised measurement scales. Journal of Personality and Social Psychology, 46, 404–421.

Folkes, V. S. & Sears, D. O. (1977). Does everybody like a liker? Journal of Experimental Social Psychology, 13, 505–519.

Forsman, L. & Johnson, M. (1996). Dimensionality and validity of two scales measuring different aspects of self-esteem. Scandinavian Journal of Psychology, 37, 1–15.

Freud, S. (1914/2001). Zur Einführung des Narzißmus. Gesammelte Werke, X, 137–170. Frankfurt: Fischer.

Freud, S. (1921/1967). Massenpsychologie und Ich-Analyse. Frankfurt am Main: Fischer.

Freund, A. M. (2000). Das Selbst im hohen Alter. In W. Greve (Hrsg.), Psychologie des Selbst (pp. 115–131). Weinheim: Beltz PVU.

Fuhrer, U. (1994). Fragehemmungen bei Schülerinnen und Schülern: eine attributionstheoretische Erklärung. Zeitschrift für Pädagogische Psychologie, 8 (2), 103–109.

Gabriel, M. T., Critelli, J. W. & Ee, J. S. (1994). Narcissistic illusions in self-evaluations of intelligence and attractiveness. Journal of Personality, 62, 143–155.

Gallup, G. G. (1994). Monkeys, mirrors, and minds. Behavioral and Brain Sciences, 17, 572–573.

Geller, J., Srikameswaran, S., Cockell, S. J. & Zaitsoff, S. L. (2000). Assessment of shape- and weight-based self-esteem in adolescents. International Journal of Eating Disorders, 28, 339–345.

Gramzow, R. H., Elliot, A. J., Asher, E., McGregor, H. A. (2003). Self-evaluation bias and academic performance: Some ways and some reasons why. Journal of Research in Personality, 37 (2), 41–61.

Greenberg, J., Solomon, S., Pyszczynski, T. & Rosenblatt, A. (1992). Why do people need self-esteem? Converging evidence that self-esteem serves an anxiety-buffering function. Journal of Personality and Social Psychology, 63, 913–922.

Greenwald, A. G., McGhee, D. E. & Schwartz, J. L. (1998). Measuring individual differences in implicit cognition: The implicit association test. Journal of Personality and Social Psychology, 74, 1464–1480.

Grossmann, K.-E. & Grossmann, K. (1995). Frühkindliche Bindung und Entwicklung individueller Psychodynamik über den Lebenslauf. Familiendynamik, 20, 171–192.

Gur, R. C. & Sackheim, H. A. (1979). Self-deception: A concept in search of a phenomenon. Journal of Personality and Social Psychology, 37, 147–169.

Hannover, B., Birkner, N. & Pöhlmann, C. (2003). Self-Esteem as a Monitor Supervising Independence or Interdependence: How Self-Contruals Relate to Implicit and Explicit Self-Esteem. Unveröffentlichtes Manuskript.

Hannover, B., Kühnen, U. & Birkner, N. (2000). Inter- vs. independentes Selbstwissen als Determinante von Assimilation und Kontrast bei kontextuellem Priming. Zeitschrift für Sozialpsychologie, 31, 44–65.

Harder, D. W. (1984). Character style of the defensively high self-esteem man. Journal of Clinical Psychology, 40, 26–35.

Harris, K. L., Nibler, R. (1998). Decision making by Chinese and U. S. students. Journal of Social Psychology, 138 (1), 102–114.

Harter, S. (1993). Causes and consequences of low self-esteem in children and adolescents. In R. F. Baumeister (Ed.), Self-esteem. The puzzle of low self-regard (pp. 87–116). New York: Plenum Press.

Harter, S., Stocker, C. & Robinson, N. S. (1996). The perceived directionality of the link between approval and self-worth: The liabilities of a looking gladd self-orientation among young adolescents. Journal of Research on Adolescence, 6, 285–308.

Heatherton, T. F. & Vohs, K. D. (2000). Interpersonal evaluations following threats to self: Role of self-esteem. Journal of Personality and Social Psychology, 78, 725–736.

Helmke, A. (1999). From optimism to realism? Development of children's academic self-concept from kindergarten to grade 6. In F. E. Weinert & W. Schneider (Eds.), Individual development from 3 to 12. Findings from the Munich Longitudinal Study. Cambridge, MA: Cambridge University Press.

Helmke, A. (1992). Selbstvertrauen und schulische Leistung. Göttingen: Hogrefe.

Hinsch, R. & Wittmann, S. (2003). Soziale Kompetenz kann man lernen. Weinheim: Beltz PVU.

Horney, K. (1939). New Ways in Psychoanalysis. New York: W. W. Norton.

Horney, K. H. (1950). Neurosis and human growth. The struggle towards self-realization. New York: Norton.

Houston, D. A. (1990). Empathy and the self: Cognitive and emotional influences on the evaluation of negative affect in others. Journal of Personality and Social Psychology, 59 (5), 859–868.

Jacobvitz, D. B. & Bush, N. F. (1996). Reconstructions of family relationships: Parent-child alliances, personal distress, and self-esteem. Developmental Psychology, 32, 732–743.

James, W. (1890). The principles of psychology. New York: Holt.

Janis, I. L. & Field, P. B. (1959). Sex differences and factors related to persuability. In C. I. Hovland & I. L. Janis (Eds.), Personality and persuability (pp. 55–68). New Haven: Yale University Press.

John, O. P. & Robins, R. W. (1994). Accuracy and bias in self-perception: Individual differences in self-enhancement and the role of narcissism. Journal of Personality and Social Psychology, 66, 206–219.

Joiner, T. E., Alfano, M. S. & Matalsky, G. I. (1992). When depression breeds contempt: Reassurance seeking, self-esteem, and rejection of depressed college students by their roommates. Journal of Abnormal Psychology, 101, 165–173.

Jones, E. E. & Pittman, T. S. (1982). Toward a general theory of strategic self-presentation. In J. Suls (Ed.), Psychological perspectives on the self (pp. 231–263). Hillsdale, N. J.: Erlbaum.

Josephs, R. A., Markus, H. R. & Tafarodi, R. W. (1992). Gender and self-esteem. Journal of Personality and Social Psychology, 63, 391–402.

Josephs, S. (2003). Why the client knows best. Psychologist, 16, 304–307.

Jovanovic, J., Lerner, R. M. & Lerner, J. V. (1989). Objective and subjective attractiveness and early adolescent adjustment. Journal of Adolescence, 12, 225–229.

Karabenick, S. A. & Knapp, J. R. (1991). Relationship of academic help seeking to the use of learning strategies and other instrumental achievement behavior in college students. Journal of Educational Psychology, 83, 221–230.

Katz, J. & Joiner, T. E. (2001). The aversive interpersonal context of depression: Emerging perspectives on depressotypic behavior. In R. M. Kowlaski (Ed.), Behaving badly: Aversive behaviors in interpersonal relationships (pp. 117–147). Washington: American Psychological Association.

Keil, L. J., McClintock, C. G., Kramer, R. & Platow, M. J. (1990). Children's use of social comparison standards in judging performance and their effects on self-evaluation. Contemporary Educational Psychology, 15, 75–91.

Kelly, G. A. (1955). The psychology of personal constructs. New York: Norton. (Reprinted by Routledge, London, 1991)

Kernberg, O. F. (1975). Borderline conditions and pathological narcissism. New York: Aronson.

Kernis, M. H. (2003). Toward a conceptualisation of optimal self-esteem. Psychological Inquiry, 14, 1–26.

Kernis, M. H., Brown, A. C. & Brody, G. H. (2000). Fragile self-esteem in children and its associations with perceived patterns of parent-child communication. Journal of Personality, 68, 225–252.

Kernis M. H., Cornell, D. P. & Sun, C. (1993). There's more to self-esteem than whether it is high or low: The importance of stability of self-esteem. Journal of Personality and Social Psychology, 65, 1190–1204.

Kernis, M. H., Grannemann, B. D. & Barclay, L. C. (1989). Stability and level of self-esteem as predictors of anger arousal and hostility. Journal of Personality and Social Psychology, 56, 1013–1022.

Kernis, M. H., Grannemann, B. D., & Mathis, L. C. (1991). Stability of self-esteem as a moderator of the relation between level of self-esteem and depression. Journal of Personality and Social Psychology, 61, 80–84.

Kim, S. H. & Smith, R. H. (1993). Revenge and conflict escalation. Negotiation Journal, 9, 37–43.

Kim, S. H., Smith, R. H. & Brigham, N. L. (1998). Effects of power imbalance and the presence of third parties on reactions to harm: Upward and downward revenge. Personality and Social Psychology Bulletin, 14, 353–361.

Kinnunen, U., Feldt, T. & Mauno, S. (2003). Job insecurity and self-esteem: evidence from cross-lagged relations in a 1-year longitudinal sample. Personality and Individual Differences, 35, 617–632.

Kitayama, S. & Karasawa, M. (1997). Implicit self-esteem in Japan: Name letters and birthday numbers. Personality and Social Psychology Bulletin, 23, 736–742.

Kling, K. C., Hyde, J. S., Showers, C. J. & Buswell, B. N. (1999). Gender differences in self-esteem: A meta-analysis. Psychological Bulletin, 125, 470–500.

Kohut, H. (1971). The analysis of the self. New York: International Universities Press.

Kurman, J. (2001). Self-enhancement: Is it restricted to individualistic cultures? Personality and Social Psychology Bulletin, 27, 1705–1716.

Kwan, V. S. Y., John, O. P., Kenny, D. A., Bond, M. H., Robins, R. W. (2004). Reconceptualizing Individual Differences in Self-Enhancement Bias: An Interpersonal Approach. Psychological Review, 111 (1), 94–110.

Lamborn, S. D., Mounts, N. S., Steinberg, L. & Dornbusch, S. (1991). Patterns of competence and adjustment among adolescents from authoritative, authoritarian, indulgent, and neglectful families. Child Development, 62, 1049–1065.

Langford, T. & Mackinnon, N. J. (2000). The affective bases for the gendering of traits: Comparing the United States and Canada. Social Psychology Quarterly, 63, 34–48.

Lasch, C. (1992). The narcissistic personality of our time. In D. Capps, R. K. Fenn et al. (Eds.), Individualism reconsidered: Readings bearing on the endangered self in modern society (pp. 295–306). Princeton: Princeton Theological Seminary.

Laux, L. (2003). Persönlichkeitspsychologie. Stuttgart: Kohlhammer.

Laux, L. & Schütz, A. (1996). Wir, die wir gut sind. Die Selbstdarstellung von Politikern zwischen Glorifizierung und Glaubwürdigkeit. München: DTV.

Leary, M. R., Haupt, A. L., Strausser, K. S. & Chokel, J. T. (1998). Calibrating the sociometer: The relationship between interpersonal appraisals and state self-esteem. Journal of Personality and Social Psychology, 74, 1290–1299.

Leary, M. R., Schreindorfer, L. S. & Haupt, A. L. (1995). The role of low self-esteem and behavioral problems: Why is low self-esteem dysfunctional? Journal of Social and Clinical Psychology, 14, 297–314.

Leary, M. R., Tambor, E. S., Terdal, S. K. & Downs, D. L. (1995). Self-esteem as an interpersonal monitor: The sociometer hypothesis. Journal of Personality and Social Psychology, 68, 518–530.

Lee, A. Y., Aaker, J. L. & Gardner, W. L. (2000). The pleasures and pains of distinct self-construals: The role of interdependence in regulatory focus. Journal of Personality and Social Psychology, 78, 1122–1134.

Little, T. D. & Oettingen, G., Stetsenko, A. & others (1995). Children's action-control beliefs about school performance: How do American children compare with German and Russian children? Journal of Personality and Social Psychology, 69, 686–700.

Mabe, P. A. & West, S. G. (1982). Validity of self-evaluation of ability: A review and meta-analysis. Journal of Applied Psychology, 67, 280–296.

Macdonald, N. E., Ebert, P. D. & Mason, S. E. (1987). Marital status and age as related to masculine and feminine personality dimensions and self-esteem. Journal of Social Psychology, 127, 289–298.

Markus, H. R. & Kitayama, S. (1991). Culture and the self: Implications for cognition, emotion, and motivation. Psychological Review, 98, 224–253.

Markus, H. R., Kitayama, S. & Heimann, R. J. (1996). Culture and basic psychological principles. In E. T. Higgins & A. W. Kruglanski (Eds.), Social psychology: Handbook of basic principles (pp. 857–914). New York: Guilford Press.

Marsh, H. W. (1986). Verbal and math self-concepts: An internal/external frame of reference model. American Educational Research Journal, 23, 129–149.

Marsh, H. W. (1995). A Jamesian model of self-investment and self-esteem: Comment on Pelham (1995). Journal of Personality and Social Psychology, 69, 1151–1160.

Marsh, H. W., Craven, R. G. & Debus, R. (1991). Self-concepts of young children 5 to 8 years of age: Measurement and multidimensional structure. Journal of Educational Psychology, 83, 377–392.

Marsh, H. W. & Parker, J. W. (1984). Determinants of student self-concept: Is it better to be a relatively large fish in a small pond even if you don't learn to swim as well? Journal of Personality and Social Psychology, 47, 213–231.

Mazure, C. M. & Maciejewski, P. K. (2003). A model of risk for major depression: Effects of life stress and cognitive style vary by age. Depression and Anxiety, 17, 26–33.

McAdams, D. P. (2001). The psychology of life stories. Review of General Psychology, 5, 100–122.

McAdams, D. P. & de St. Aubin, E. (Eds.) (1998). Generativity and Adult Development: How and Why We Care for the Next Generation. Washington: American Psychological Association Press.

McFarlin, D. B., Baumeister, R. F. & Blascovich, J. (1984). On knowing when to quit: Task failure, self-esteem, advice, and nonproductive persistence. Journal of Personality, 52, 138–155.

McFarlin, D. B. & Blascovich, J. (1981). Effects of self-esteem and performance feedback on future affective preferences and cognitive expectations. Journal of Personality and Social Psychology, 40 (3), 521–531.

McGuire, W. J. & McGuire, C. V. (1996). Enhancing self-esteem by directed-thinking tasks: Cognitive and affective positivity asymmetries. Journal of Personality and Social Psychology, 70, 1117–1125.

Mecca, A. M., Smelser, N. J. & Vasconcellos, J. (1989). The social importance of self-esteem. Berkeley: University of California Press.

Mendelson, B. K., White, D. R. & Mendelson, M. J. (1996). Self-esteem and body esteem: Effects of gender, age, and weight. Journal of Applied Developmental Psychology, 17, 321–346.

Meyer, C. (1996). Selbstbewusst sich selbst vertrauen – Die Kunst (k)ein Egoist zu sein. Unveröffentlichte Diplomarbeit: Otto-Friedrich-Universität Bamberg.

Meyer, W. U. (1984). Das Konzept von der eigenen Begabung. Bern: Huber.

Miller, T. (1983). So you secretly suspect you're worthless. Manlius, New York: Tom Miller.

Mohr, D. M. (1978). Development of attributes of personal identity. Developmental Psychology, 14, 14, 427–428.

Morf, C. & Rhodewalt, F. (1993). Narcissism and self-evaluation maintenance: Explorations in object relations. Personality and Social Psychology Bulletin, 19, 668–676.

Morf, C. & Rhodewalt, F. (2001). Unraveling the paradoxes of narcissism: A dynamic self-regulatory processing model. Psychological Inquiry, 12, 177–196.

Müller, N. & Gegenfurtner, N. (1997). Aus welchen Bereichen beziehen Menschen ihr Selbstwertgefühl? Eine qualitative Inhaltsanalyse positiver Selbstkonzeptinhalte in Abhängigkeit von Selbstwertgefühl und Geschlecht. Diplomarbeit: Universität Bamberg.

Murray, S. L. & Holmes, J. G. (2000). Seeing the self through a partner's eyes: Why self-doubts turn into relationship insecurities. In A. Tesser & R. B. Felson (Eds.), Psychological perspectives on self and identity (pp. 173–197). Washington: American Psychological Association.

Murray, S. L., Holmes, J. G., MacDonald, G. & Ellsworth, P. C. (1998). Through the looking glass darkly? When self-doubts turn into relationship insecurities. Journal of Personality and Social Psychology, 75, 1459–1480.

Musch, J., Brockhaus, R. & Bröder, A. (2002). Ein Inventar zur Erfassung von zwei Faktoren sozialer Erwünschtheit. Diagnostica, 48, 121–129.

Nadler, A. (1987). Determinants of help-seeking behaviour: The effects of helper's similarity, task centrality and recipient's self-esteem. European Journal of Social Psychology, 17, 57–67.

Nadler, A. (1997). Personality and help seeking: Autonomous versus dependent seeking of help. In G. R. Pierce & B. Lakey (Eds.), Sourcebook of social support and personality (pp. 379–407). New York: Plenum Press.

Nadler, A., Mayseless, O., Peri, N. & Chemerinski, A. (1985). Effects of opportunity to reciprocate and self-esteem on help-seeking behavior. Journal of Personality, 53, 23–35.

Neiss, M. B., Sedikides, C. & Stevenson, J. (2002). Self-esteem: A behavioural genetic perspective. European Journal of Personality, 16, 351–368.

Nuber, U. (1993). Die Egoismus-Falle. Warum Selbstverwirklichung so einsam macht. Zürich: Kreuz-Verlag.

Paulhus, D. L. (1984). Two-component models of socially desirable responding. Journal of Personality and Social Psychology, 46, 598–609.

Paulhus, D. L. (1998). Interpersonal and intrapsychic adaptiveness of trait self-enhancement: A mixed blessing? Journal of Personality and Social Psychology, 74 (5), 1197–1208.

Paulhus, D. L. (2001). Normal narcissism: Two minimalist accounts. Psychological Inquiry, 12, 228–230.

Paxton, S. J. & Phytian, K. (1999). Body image, self-esteem, and health status in middle and later adulthood. Australien Psychologist, 34, 116–121.

Pelham, B. W. (1993). On the highly positive thoughts of the highly depressed. In R. F. Baumeister (Ed.), Self-esteem: The puzzle of low self-regard (pp. 183–199). New York: Plenum Press.

Pelham, B. W. (1995). Self-investment and self-esteem: Evidence for a Jamesian model of self-worth. Journal of Personality and Social Psychology, 69, 1141–1150.

Pliner, P., Chaiken, S. & Flett, G. L. (1990). Gender differences in concern with body weight and physical appearance over the life span. Personality and Social Psychology Bulletin, 16, 263–273.

Pöhlmann, C., Hannover, B., Kühnen, U. & Birkner, N. (2002). Independente und interdependente Selbstkonzepte als Determinanten des Selbstwertes. Zeitschrift für Sozialpsychologie, 33, 111–121.

Powers, T. A. & Zuroff, D. C. (1988). Interpersonal consequences of overt self-critism: A comparison with neutral and self-enhancing presentation of self. Journal of Personality and Social Psychology, 54, 1054–1062.

Raskin, R., Hall, C. S. (1981). The Narcissistic Personality inventory: Alternate form reliability and further evidence of construct validity. Journal of Personality Assessment, 45 (2), 159–162.

Raskin, R., Novacek, J. & Hogan, R. (1991). Narcissistic self-esteem management. Journal of Personality and Social Psychology, 60, 911–918.

Reik, T. (1944). A psychologist looks at love. In T. Reik (Ed.), Of love and lust (pp. 1–194). New York: Farrar, Straus and Cudahy. (Reprinted in 1957)

Renner, K.-H. (2002). Selbstinterpretation und Self-Modeling bei Redeängstlichkeit. Göttingen: Hogrefe.

Renner, K.-H., Laux, L., Schütz, A. & Tedeschi, J. T. (2003). The impact of self-presentation styles on coping with social stress. Anxiety, Stress, and Coping, Accepted for Publication.

Robins, R. W. & Beer, J. S. (2001). Positive illusions about the self: Short-term benefits and long-term costs. Journal of Personality and Social Psychology, 80, 340–352.

Rogers, C. R. (1961). On becoming a person. Boston: Houghton Mifflin.

Rosen, S., Tomarelli, M. M., Kidda, M. L. Jr. & Medvin, N. (1986). Effects of motive for helping, recipient's inability to reciprocate, and sex on devaluation of the recipient's competence. Journal of Personality and Social Psychology, 50, 729–736.

Rosenblum, G. D. & Lewis, M. (1999). The relations among body image, physical attractiveness, and body mass in adolescence. Child Development, 70, 50–64.

Ruble, D. N., Boggiano, A. K., Feldman, N. S. & Loebl, J. H. (1980). Developmental analysis of the role of social comparison in self-evaluation. Developmental Psychology, 16, 105–115.

Sarason, B. R., Shearin, E. N., Pierce, G. R. & Sarason, I. G. (1987). Interrelations of social support measures: Theoretical and practical implications. Journal of Personality and Social Psychology, 52, 813–832.

Satir, V. (1985). Selbstwert und Kommunikation. München: Pfeiffer.

Schlenker, B. R. & Leary, M. R. (1982). Audiences' reactions to self-enhancing, self-denigrating, and accurate self-presentations. Journal of Experimental Social Psychology, 18, 89–104.

Schmidbauer, W. (1981). Die Ohnmacht des Helden. Unser alltäglicher Narzißmus. Reinbek: Rowohlt.

Schneider, D. J. & Turkat, D. (1975). Self-presentation following success or failure: Defensive self-esteem models. Journal of Personality, 43, 127–135.

Schneider, K. (1997). Development of emotions and their expression in task-oriented situations in infants and preschool children. In U. Segerstrale & P. Molnar (Eds.), Nonverbal communication. Where nature meets culture (pp. 109–130). Mahwah: Lawrence Erlbaum.

Schröder, M. (2003). Selbstbezogene Kognitionen in sozialen Interaktionen: Mehrebenenanalysen zum Einfluss von Persönlichkeits- und Störvariablen. Unveröffentlichte Diplomarbeit: TU Chemnitz.

Schulz-Hardt, S. & Frey, D. (2000). Gelernte Sorglosigkeit als Zukunftshemmnis: Wenn das Management rosarot sieht. In J. Moeller, B. Strauss & S. Jürgensen (Hrsg.), Psychologie und Zukunft. Prognosen, Prophezeiungen, Pläne (S. 189–217). Göttingen: Hogrefe.

Schütz, A. (1992). Selbstdarstellung von Politikern. Analyse von Wahlkampfauftritten. Weinheim: Deutscher Studien Verlag.

Schütz, A. (1998). Coping with threats to self-esteem. The differing patterns of subjects with high versus low self-esteem. European Journal of Personality, 12, 169–186.

Schütz, A. (1999). It was your fault! Self-serving biases in autobiographical accounts of esteem-threatening conflicts in married couples. Journal of Social and Personal Relationships, 16, 193–209.

Schütz, A. (2003). Psychologie des Selbstwertgefühls. 2. Auflage. Stuttgart: Kohlhammer.

Schütz, A. & DePaulo, B. M. (1996). Self-esteem and evaluative reactions: Letting people speak for themselves. Journal of Research in Personality, 30, 137–156.

Schütz, A. & Hoge, L. (2003). Schuldzuschreibungen in Partnerschaften. In I. Grau und H. W. Bierhoff (Hrsg.), Sozialpsychologie der Partnerschaft (S. 457–480). Berlin: Springer.

Schütz, A. & Hoge, L. (in Vorbereitung). Positives Denken – hilfreich oder gefährlich? Stuttgart: Kohlhammer.

Schütz, A., Marcus, B. & Sellin, I. (im Druck). Die Messung von Narzissmus als Persönlichkeitskonstrukt: Psychometrische Eigenschaften einer Lang- und einer Kurzform des Deutschen NPI (Narcissistic Personality Inventory). Diagnostica.

Schütz, A., Renner, K.-H. & Sellin, I. (in Vorbereitung). Self-acceptance is unrelated to acceptance of others.

Schütz, A. & Schröder, M. (im Druck a). Selbst und Wissensmanagement. In G. Reinmann-Rothmeier & H. Mandl (Hrsg.), Der Mensch im Wissensmanagement: Psychologische Konzepte zum besseren Verständnis und Umgang mit Wissen. Göttingen: Hogrefe.

Schütz, A. & Schröder, M. (im Druck b). Selbstwertschätzung. In H. Weber & T. Rammsayer (Hrsg.), Handbuch der Persönlichkeitspsychologie und Differentiellen Psychologie. Göttingen: Hogrefe.

Schütz & Sellin, I. (2003). Selbstregulation eines Informationsverarbeitenden Systems. Zeitschrift für Differentielle und Diagnostische Psychologie, 24, 151–161.

Schütz, A. & Sellin, I. (in Vorbereitung). Die multidimensionale Selbstwertskala (MSWS). Göttingen: Hogrefe.

Schütz, A., Sellin, I. & Nezlek, J. (2004). Self-presentational success in daily interaction. Manuscript submitted for Publication.

Schütz, A. & Tice, D. M. (1997). Associative and competitive self-enhancement in close relationships moderated by trait self-esteem. European Journal of Social Psychology, 27, 257–273

Schwalbe, M. L. (1988). Sources of self-esteem in work: What's important for whom? Work and Occupations, 15, 24–35.

Schwalbe, M. L. & Staples, C. L. (1991). Gender differences in sources of self-esteem. Social Psychology Quarterly, 54, 158–168.

Sedikides, C., Gaertner, L. & Toguchi, Y. (2003). Pancultural Self-Enhancement. Journal of Personality and Social Psychology, 84, 60–79.

Seligman, M. E. P. (1991). Learned optimism. New York: Simon & Schuster.

Sellin, I. (2003). Varianten der Selbstwertschätzung und Hilfesuche. Dissertation. TU-Chemnitz, Philosophische Fakultät.

Shavelson, R. J., Hubner, J. J. & Stanton, D. C. (1976). Self-concept: Validation of construct interpretations. Review of Educational Research, 46, 407–441.

Singelis, T. M. (1994). The measurement of independent and interdependent self-construals. Personality and Social Psychology Bulletin Special Issue: The self and the collective, 20, 580–591.

Sommer, K. L. & Baumeister, R. F. (2002). Self-evaluation, persistence, and performance following implicit rejection: The role of trait self-esteem. Personality and Social Psychology Bulletin, 28, 926–938.

South, S. C., Oltmanns, T. F. & Turkheimer, E. (2003). Personality and the degoration of others: Description based on self- and peer reports. Journal of Research in Personality, 37, 16–33.

Spence, J. T. & Buckner, C. E. (2000). Instrumental and expressive traits, trait stereotypes, and sexist studies. Psychology of Woman Quarterly, 24, 44–62.

Spencer, S. J., Josephs, R. A., Steele, C. M. (1993). Low self-esteem: The uphill struggle for self-integrity. In R. F. Baumeister (Ed.), Self-esteem: The puzzle of low self-regard (pp. 21–36). New York: Plenum Press.

Stahlberg, D., Petersen, L.-E. & Dauenheimer, D. (1996). Reaktionen auf selbstkonzeptrelevante Informationen: Der Integrative Selbstschemaansatz. Zeitschrift für Sozialpsychologie, 27, 126–136.

Steele, C. M. (1988). The psychology of self-affirmation: Sustaining the integrity of the self. In L. Berkowitz (Ed.), Social psychological studies of the self: Perspectives and programs (pp. 261–302). San Diego: Academic Press.

Stetsenko, A., Little, T. D., Gordeeva, T., Grasshof, M. & Oettingen, G. (2000). Gender effects in children's belief about school performance: A cross-cultural study. Child Development, 71, 517–527.

Story, A. L. (1998). Self-esteem and memory for favorable and unfavorable personality feedback. Personality and Social Psychology Bulletin, 24 (1), 51–64.

Strohschneider, S. (1999). On the cultural relativity of problem solving styles: Explorations in India and Germany. In W. J. Lonner, D. L. Dinnel, D. K. Forgays & S. A. Hayes (Eds.), Merging past, present, and future in Cross-Cultural Psychology: Selected papers from the fourteenth International Congress of the International Association for Cross-Cultural Psychology (pp. 188–204). Lisse: Swets & Zeitlinger.

Strohschneider, S. (2002). Kompetenzdynamik und Kompetenzregulation beim Planen. In S. Strohschneider & R. von der Weth (Hrsg), Ja, mach nur einen Plan:

Pannen und Fehlschläge – Ursachen, Beispiele, Lösungen (S. 35–51). Bern: Huber.

Sullivan, H. (1947). Conceptions of Modern Psychiatry. Washington: William Alanson White Psychiatric Foundation

Tafarodi, R. W., Marshall, T. C. & Milne, A. B. (2003). Self-esteem and memory. Journal of Personality and Social Psychology, 84 (1), 29–44.

Taylor, S. E. (1989). Positive illusions: Creative self-deception and healthy mind. New York: Basic Books.

Taylor, S. E. & Brown, J. (1988). Illusion and well-being: Some social psychological contributions to a theory of mental health. Psychological Bulletin, 103, 193–210.

Tchanturia, K., Troop, N. A. & Katzman, M. (2002). Same pie, different portions: Shape weight-based self-esteem and eating disorder symptoms in a Georgian sample. European Eating Disorders Review, 10, 110–119.

Tesser, A. & Smith, J. (1980). Some effects of task relevance and friendship on helping: You don't always help the one you like. Journal of Experimental Social Psychology, 57, 442–456.

Thomsen, K. & Grau, U. (1987). Zum Einfluss der Erwerbslosigkeit auf die Selbsterfahrung. In H.-P. Frey & K. Hausser (Hrsg.), Identität. Entwicklungen psychologischer und soziologischer Forschung (S. 193–204). Stuttgart: Enke.

Thornton, B. & Maurice, J. (1997). Physique contrast effect: Adverse impact of idealized body images for women. Sex Roles, 37, 433–439.

Tice, D. M. (1992). Self-presentation and self-concept change: The looking glass self is a magnifying glass. Journal of Personality and Social Psychology, 63, 435–451.

Triandis, H. C. (1988). Collectivism and individualism: A reconceptualization of a basic concept in cross-cultural psychology. In C. Bagley, G. Verma (Eds.), Personality, cognition, and values: Cross-cultural perspectives of childhood and adolescence (pp. 60–95). London: Macmillan.

Triandis, H. C. (1989). The self and social behavior in differing cultural contexts. Psychological Review, 96, 506–520.

Trzesniewski, K. H., Donnellan, M. B. & Robins, R. W. (2003). Stability of Self-Esteem Across the Life Span. Journal of Personality and Social Psychology, 84, 205–220.

Twenge, J. M. & Campbell, W. K. (2001). Age and birth cohort differences in self-esteem: A cross-temporal meta-analysis. Personality and Social Psychology, 5, 321–344.

Twenge, J. M. & Campbell, W. K. (2002). Self-esteem and socioeconomic status: A meta-analytic review. Personality and Social Psychology Review, 1, 59–71.

Twenge, J. M. & Crocker, J. (2002). Race and self-esteem: Meta-analyses comparing Whites, Blacks, Hispanics, Asians, and American Indians and comment on Gray-Little and Hafdahl (2000). Psychological Bulletin, 128, 371–408.

Van Aken, M. A. G., Helmke, A. & Schneider W. (1997). Selbstkonzept und Leistung – Dynamik ihres Zusammenspiels. Literatur-überblick, Ergebnisse aus dem SCHOLAS-TIK-Projekt, Kommentar. In F. E. Weinert & A. Helmke (Hrsg.), Entwicklung im Grundschulalter (S. 323–358). Weinheim: Beltz PVU.

Verschueren, K., Buyck, P. & Marcoen, A. (2001). Self-representation and socioemotional competence in young children: A 3-year longitudinal study. Developmental Psychology, 37, 126–134.

Visé, M. & Schneider, W. (2000). Determinanten der Leistungsvorhersage bei Kindergarten- und Grundschulkindern: Zur Bedeutung metakognitiver und motivationaler Einflussfaktoren. Zeitschrift für Entwicklungspsychologie und Pädagogische Psychologie, 32, 51–58.

Wallace, H. M. & Baumeister, R. F. (2002). The performance of narcissists rises and falls with perceived opportunity for glory. Journal of Personality and Social Psychology, 82, 819–834.

Watson, P. J. & Morris, R. J. (1991). Narcissism, empathy, and social desirability. Personality and Individual Differences, 6, 575–579.

Weinert, F. E. & Helmke, A. (1997). Individuelle Bedingungsfaktoren der Schulleistung. Literaturüberblick, Ergebnisse aus dem SCHOLASTIK-Projekt, Kommentar. In F. E. Weinert & A. Helmke (Hrsg.), Entwicklung im Grundschulalter (S. 181–221). Weinheim: Beltz PVU.

Williams, J. E. & Best, D. L. (1982). Measuring sex stereotypes: A thirty nation study. Newbury Park: Sage Publications.

Wilson, T. D. (2002). Strangers to ourselves: Discovering the adaptive unconscious. Cambridge: Belknap Press.

Wolfschmitt, A. (1997). Rache ist süß! Eine qualitative Studie zu Bedingungen, Konsequenzen und Selbstwertrelevanz des Phänomens Rache. Diplomarbeit: Universität Bamberg.

Ziegler, D. J. (2002). Freud, Rogers, and Ellis: A comparative theoretical analysis. Journal of Rational-Emotive and Cognitive Behavior Therapy, 20 (2), 75–92.

Sachregister

Der Schlüssel zur kompetenten Gruppenentwicklung und Gruppenführung

Das Leben in Gruppen gehört zu unserer menschlichen Existenz selbstverständlich und unausweichlich dazu. Wir brauchen andere, um uns sicher zu fühlen, um produktiv arbeiten zu können und um zu wissen, wer wir selbst sind.

Unsere Fähigkeit und Bereitschaft, uns in immer neue Gruppenzusammenhänge einzufügen und sie ertragreich zu gestalten, wird heute stärker gefordert denn je. Wo es immer weniger einengende und verlässliche Schablonen für das Miteinander gibt, müssen Gruppen sich weitgehend selbst erfinden.

Vor dem Hintergrund dieser Entwicklungen hat die Frage nach dem Wesen und Funktionieren von Gruppen an Aktualität gewonnen - vor allem für jene von uns, die als Vorgesetzte, Lehrer oder in der Rolle des Supervisors und Coaches Leitungsfunktionen in Gruppen wahrnehmen.

Ihnen bietet das Buch eine schlüssige theoretische Grundlage und ein darauf abgestimmtes Repertoire an Interventionen zur Entstörung und Entwicklung von Gruppen. Eine verständliche, lebendige Sprache erleichtert den Zugang zu den Grundgedanken, die konkret und praxisnah, auch anhand vieler Praxisbeispiele dargestellt werden.

Eberhard Stahl
Dynamik in Gruppen
Handbuch der Gruppenleitung
Mit einem Geleitwort
von Friedemann Schulz von Thun
1. Auflage 2002
Gebunden. 400 S.
ISBN 3-621-27515-0

Verlagsgruppe Beltz • Postfach 100154 • 69441 Weinheim • www.beltz.de

Sozialangst: neben Depression und Alkoholismus häufigste Störung - oft unerkannt

U. Stangier • Th. Heidenreich •
M. Peitz
Soziale Phobien
Ein kognitiv-verhaltenstherapeutisches
Behandlungsmanual
Materialien für die klinische Praxis
2003. Gebunden. X, 202 S.
ISBN 3-621-27541-X

Soziale Phobien sind sehr verbreitet. Sie stellen die häufigste Angststörung und (neben Depression und Alkoholabhängigkeit) die dritthäufigste psychische Störung dar. In der Praxis werden sie allerdings noch selten erkannt und hinsichtlich der oft gravierenden Beeinträchtigungen unterschätzt.

Sie erleben sich als in ihrem Schneckenhaus eingeschlossen, gehen nur zögerlich nach draußen, haben Angst vor ungefährlichen Situationen und vermeiden sie. Ihr Bewegungsradius ist begrenzt. Obwohl in den letzten Jahren wirksame Methoden der Psychotherapie entwickelt wurden, finden nur wenige Betroffene gezielte Hilfe.

Darum wird im vorliegenden Behandlungsmanual viel Gewicht auf die Diagnostik gelegt: Woran erkennt man, dass Sozialangst vorliegt? Ist sie mit depressiver Verstimmung gepaart?

Das Manual bietet ein Basiskonzept kognitiver Verhaltenstherapie, das individuell angepasst werden kann. Konkret und praxisnah werden die aufeinander aufbauenden Behandlungsschritte beschrieben und mit Hilfe von Fallbeispielen illustriert. Zusätzlich erleichtern Arbeitsmaterialien und eine klare Struktur des Trainings die praktische Umsetzung.

Verlagsgruppe Beltz • Postfach 100154 • 69441 Weinheim • www.beltz.de

Selbstbewusst = unverschämt?
Jetzt neu: Das Patientenbuch zum Fachbuch

Rüdiger Hinsch • Simone Wittmann
Soziale Kompetenz kann man lernen
2003. Gebunden. VIII, 175 S.
ISBN 3-621-27529-0

Sozial kompetent sind wir, wenn wir unsere Rechte durchsetzen, soziale Beziehungen aktiv gestalten, eigene Gefühle und Bedürfnisse sympathisch äußern — die meisten von uns haben allerdings an irgendeiner Stelle Schwierigkeiten, die uns deutlich im Miteinander oder im »Ganz-Ich-Sein« hemmen. An dieser Stelle setzt das Buch an.

Hilflose Wut, hilflose Zärtlichkeit – wer kennt das nicht? Wer hat noch nicht erfahren, wie schwer es sein kann, auf andere zuzugehen oder sich von ihnen abzugrenzen?

Das Zauberwort »Kommunikation« hat in der psychologischen Forschung zu einer Flut von Veröffentlichungen geführt, deren Ergebnisse in diesem Buch verständlich und leicht umsetzbar aufbereitet werden.

- In einem 3-Schritt-Programm üben Sie zunächst, Ihre Rechte durchzusetzen und zu reklamieren.
- Die zweite Stufe bildet die bessere Kommunikation in der Partnerschaft und bei bestehenden Kontakten.
- Zuletzt wird die Kontaktaufnahme und -vertiefung mit Unbekannten trainiert, um auf andere zugehen zu können, ohne sich selbst aufzugeben.

Das Buch ist zum Selbststudium geeignet. Für Trainer und Therapeuten dürfte es interessant sein, da sie es ihren Klienten begleitend zum Gruppentraining empfehlen können.

Verlagsgruppe Beltz • Postfach 100154 • 69441 Weinheim • www.beltz.de